Festlich

FEINE REZEPTE
FÜR FESTE UND GÄSTE

Festlich

FEINE REZEPTE
FÜR FESTE UND GÄSTE

Inhaltsverzeichnis

Feste entspannt feiern

Den Alltag für ein paar Stunden hinter sich zu lassen, anstoßen, trinken, essen, unbeschwert mit Familie und Freunden plaudern, das Leben zu genießen, lachen. Feiern gehen wir alle gerne – aber ein Fest ausrichten? »Ach, der Aufwand, die Planung, das Einkaufen, der ganze Stress, und überhaupt, was soll ich denn kochen?« Kaum denken wir genauer darüber nach, kommen so viele Abers in den Sinn, dass wir nicht selten vor der Aufgabe kapitulieren. Was schade ist. Denn mit lieben Gästen ein Essen in einem festlichen Rahmen zu erleben, gemeinsam eine schöne Zeit haben, das sind die guten Stunden im Leben, die uns lange danach noch beflügeln. Geben Sie sich einen Schubs, feiern Sie! Wir klären hier die Fragen des Machens und versprechen: Sie werden Ihre Feier in vollen Zügen genießen können, nicht aus der Puste kommen, Spaß haben.

Denn mit der richtigen Planung, Vorbereitung und ein bisschen Liebe zum Gastgeben lassen sich Feste feiern, wie sie fallen. In diesem Kochbuch finden Sie praktische Anregungen für die Ausrichtung und Gestaltung und viele raffinierte, doch niemals komplizierte Rezepte, an die sich Ihre Gäste noch lange verzückt erinnern werden. Ob Sie nun zum Geburtstag, Osterfrühstück oder Weihnachtsabend einladen, ein Tête-à-Tête vorbereiten oder ein Dinner mit dem halben Dutzend bester Freunde oder einfach nur mal so Lust haben auf fröhliches Zusammensein: Wir machen Ihnen das Kochen ganz einfach – und Sie zur entspannten Gastgeberin. Überlegen Sie doch gleich mal, wen Sie einladen wollen ... Und feiern Sie schön!

Dinnerzeit

Gelungene Feste sind die gute, alte Zeit,
nach der wir uns in zehn Jahren zurücksehnen
werden. Weil wunderschön gedeckte Tische,
eine festliche Stimmung und ein großartiges Essen
lange unvergesslich sind. Was auch immer Sie
feiern wollen, stellen Sie sich einfach ein Menü aus
unseren Rezeptvorschlägen zusammen.
Wie wäre es also mit einem Hummersüppchen
zu Beginn, dann dem raffinierten Krustenbraten und
zum Dessert eine sanfte Stracciatellacreme?
Nur mal so als Idee …

Blumenkohlsuppe
UND OLIVEN-CROSTINI

*Geröstete Blumenkohlröschen schwimmen in luftig aufgeschäumter Suppe,
die Crostini dazu lassen es krachen*

ZUTATEN
6 Portionen, vegetarisch

SUPPE

600 g Blumenkohl
1 EL Butter
Salz
Cayennepfeffer
1 TL getrockneter Thymian
800 ml Gemüsefond (Glas)
80 g Schlagsahne
frisch gemahlener Pfeffer
1–2 TL Ahornsirup

CROSTINI

1 Brötchen (vom Vortag)
½ Knoblauchzehe
2–3 EL Mandelblättchen
3–4 EL entsteinte grüne Oliven
2 EL Olivenöl

FÜR DIE SUPPE

⌐ Blumenkohl putzen, abspülen, trocken tupfen und in kleine Röschen teilen.

⌐ Butter in einem Topf zerlassen und den Blumenkohl anbraten. Mit Salz, Cayennepfeffer und Thymian würzen. 3–4 EL Blumenkohl für die Einlage herausnehmen. Fond und Sahne in den Topf gießen und zugedeckt bei mittlerer Hitze 20 Minuten kochen lassen.

⌐ Blumenkohl in der Flüssigkeit mit dem Stabmixer fein pürieren und die Suppe mit Salz, Pfeffer und Ahornsirup abschmecken.

⌐ Den Backofengrill vorheizen.

FÜR DIE CROSTINI

⌐ Das Brötchen in dünne Scheiben schneiden und unter dem Grill kurz rösten.

⌐ Knoblauch abziehen und grob hacken. Mandeln in einer Pfanne ohne Fett anrösten. Oliven, Knoblauch, Mandeln und Olivenöl grob pürieren und mit Pfeffer würzen.

⌐ Die Suppe anrichten, restliche Blumenkohlröschen als Einlage in die Suppe geben.

⌐ Die gerösteten Brötchenscheiben mit der Olivenmischung belegen und zur Suppe servieren.

 Fertig in 45 Minuten

 Pro Portion
ca. 165 kcal, E 4 g,
F 14 g, KH 7 g

Hummersüppchen
MIT MACISBLÜTE

Wenn's mal feiner als fein sein soll, gibt's ein Süppchen auf
Hummerbasis mit einem Schlag Ingwersahne

ZUTATEN
4 Portionen

SUPPE

2 Schalotten
1 Stange Staudensellerie
1 EL getrocknete Pfifferlinge
oder Steinpilze
30 g Hummerbutter (gibt's beim
Fischhändler)
100 ml Cognac
400 ml Hummerfond (Glas)
1 Stück Macisblüte
1–2 EL heller Saucenbinder
75 g Schlagsahne
Salz
frisch gemahlener Pfeffer

INGWER-SAHNE

100 g Schlagsahne
1 Stück frischer Ingwer (2 cm)
frisch geriebene Muskatnuss

FÜR DIE SUPPE

— Schalotten abziehen, halbieren und fein würfeln. Sellerie
putzen, abspülen, trocknen und entfädeln. Stange fein würfeln.
Besonders die äußeren dicken Selleriestangen haben knapp
unter der Schale zähe Fäden, die am besten beim Putzen mit
entfernt werden.

— Pfifferlinge im Blitzhacker zu Pulver zermahlen.

— Die Hummerbutter in einem Topf erhitzen und die Schalotten
darin glasig dünsten. Selleriewürfel dazugeben und ebenfalls
kurz andünsten. Mit dem Pilzpulver bestäuben und den Cognac
dazugießen. Einmal aufkochen, dann Fond und Macisblüte
dazugeben. Ebenfalls aufkochen und bei mittlerer Hitze auf die
Hälfte einkochen lassen.

— Die Macisblüte entfernen. Den Saucenbinder unter Rühren
einstreuen und einmal aufkochen lassen. Die Sahne unterrühren und die Suppe mit Salz und Pfeffer abschmecken.

FÜR DIE INGWER-SAHNE

— Die Sahne steif schlagen. Ingwer schälen und durch die
Knoblauchpresse drücken. Sahne und Ingwer verrühren.

— Die Suppe in kleinen Tassen oder Gläsern mit je einem Löffel
Ingwersahne anrichten und mit Muskat bestäuben. Sofort servieren.

 Fertig in 40 Minuten

 Pro Portion
ca. 285 kcal, E 3 g,
F 20 g, KH 11 g

Tipp

Wer mag, kann noch einige Flusskrebs-
schwänze (aus dem Kühlregal)
oder Nordseekrabbenfleisch in der Suppe
servieren.

Meerrettich-Mousse

MIT MARINIERTER ROTER BETE

Die leichte Schärfe der Meerrettich-Mousse wird flankiert von
erdiger Roter Bete und gemildert durch die Koriander-Hagebutten-Vinaigrette

ZUTATEN
6 Portionen, vegetarisch

MEERRETTICH-MOUSSE
5 Blatt weiße Gelatine
50 g frische Meerrettichstange
300 g Crème fraîche
Salz
2–3 EL Zitronensaft
250 g Schlagsahne

ROTE-BETE-SALAT
500 g Rote Bete (küchenfertig
im Vakuumpack)
200 ml Gemüsebrühe
1 Lorbeerblatt
1–2 EL milder Essig

VINAIGRETTE
½ TL Korianderkörner
1 TL Hagebuttenkonfitüre
(Reformhaus; ersatzweise
Johannisbeergelee)
3–4 EL Himbeeressig
frisch gemahlener Pfeffer
2 EL gutes Nussöl (z. B. Wal-
oder Haselnuss)
3 EL Sonnenblumenöl

 Ohne Wartezeit fertig in
40 Minuten

 Pro Portion
ca. 330 kcal, E 8 g,
F 29 g, KH 12 g

 Dazu Nussbrot

FÜR DIE MEERRETTICH-MOUSSE
— Die Gelatine in kaltem Wasser einweichen. Meerrettich dünn
schälen und die Stange fein raspeln. Meerrettichraspel und
Crème fraîche verrühren und mit Salz und Zitronensaft kräftig
abschmecken.

— Gelatine gut ausdrücken und die Blätter in einem Topf bei
kleiner Hitze langsam auflösen. Etwas von der Meerrettichcreme unter die flüssige Gelatine rühren. Diese Mischung dann
zügig unter die restliche Meerrettichcreme rühren und kurze
Zeit in den Kühlschrank stellen.

— Sahne steif schlagen. Sobald die Meerrettichcreme anfängt,
fest zu werden, die Sahne mit einem Schneebesen unterheben.
Die Mousse in eine flache, eckige und mit Frischhaltefolie ausgelegte Form füllen. Gut abgedeckt über Nacht in den Kühlschrank stellen.

FÜR DEN ROTE-BETE-SALAT
— Die Rote Bete in Scheiben schneiden. Brühe erhitzen und
mit Lorbeer und Essig mischen. Rote-Bete-Scheiben in dem
Sud über Nacht marinieren.

FÜR DIE VINAIGRETTE
— Korianderkörner im Mörser fein zerdrücken und mit Hagebuttenkonfitüre, Essig, Salz und Pfeffer verrühren. Beide Öle
mit dem Schneebesen langsam darunterschlagen und 100 ml
Wasser unterrühren. Gut verschlossen über Nacht kalt stellen.

— Zum Servieren Rote Bete aus der Marinade nehmen, mit der
Vinaigrette mischen. Die Meerrettich-Mousse aus der Form
stürzen und in 2–3 cm große Rauten schneiden. Den Rote-Bete-
Salat nochmals abschmecken und mit der Mousse auf Portionstellern anrichten.

Kartoffelrösti

MIT JAKOBSMUSCHELN

Nicht, dass die Jakobsmuscheln es nötig hätten, doch der
Zitronenschmand unterstreicht noch ihren feinen Meeresgeschmack.
Bodenständige Beilage dazu sind die krossen Rösti

ZUTATEN
4 Portionen

ZITRONENSCHMAND
1 Bio-Zitrone
150 g Schmand
Salz
frisch gemahlener Pfeffer

RÖSTI
500 g Kartoffeln
1–2 EL Butterschmalz
2–3 EL Schlagsahne

JAKOBSMUSCHELN
250 g ausgelöstes Jakobs-
muschelfleisch
1 EL Butterschmalz
rosa Pfefferbeeren
1 EL gehackter Dill

FÜR DEN ZITRONENSCHMAND

→ Die Zitrone heiß abspülen, Schale fein abreiben und den Saft auspressen. 1 TL Zitronenschale, 1–2 EL Zitronensaft und den Schmand verrühren. Mit Salz und Pfeffer würzen.

FÜR DIE RÖSTI

→ Kartoffeln schälen, abspülen und auf der Rohkostreibe grob raffeln. Mit Salz mischen, in ein Sieb geben und die Kartoffel-raspel gut ausdrücken.

→ Etwas Butterschmalz in einer großen Pfanne erhitzen. Je etwa 1 EL Kartoffelraspel hineingeben und zu einem kleinen Rösti (Ø 5 cm) verstreichen. Nur so viele Rösti in die Pfanne geben, dass sie sich nicht berühren. Rösti mit einem Bratenwender gut zusammendrücken und etwas Sahne darüberträufeln. Einen Teller direkt auf die Rösti legen, damit der Teig zusammen-gedrückt wird.

→ Rösti bei kleiner Hitze etwa 12 Minuten braten, wenden und weitere 5 Minuten braten. Rösti im Backofen warm stellen.

FÜR DIE JAKOBSMUSCHELN

→ Das Muschelfleisch abspülen und einmal quer halbieren.

→ Butterschmalz in einer Pfanne stark erhitzen und die Muscheln darin von jeder Seite kurz und sehr heiß anbraten. Die Muscheln sollten innen noch glasig sein. Würzen.

→ Rösti mit Jakobsmuscheln belegen, Pfefferbeeren und Dill darüberstreuen. Zitronenschmand dazu servieren.

 Fertig in 1 Stunde

 Pro Portion
ca. 315 kcal, E 10 g,
F 19 g, KH 25 g

Flusskrebssalat

MIT AVOCADOMUS UND APFEL-SALSA

Leichter Menüauftakt ist ein Salat aus Krebsfleisch, der mit Apfel und Limette schön frisch daherkommt. Das Avocadomus dazu zergeht auf der Zunge

ZUTATEN
6 Portionen

AVOCADOMUS
1 reife Avocado (240 g)
1 Zitrone
Salz

APFEL-SALSA
1 großer grüner Apfel
(z. B. Granny Smith)
1 Limette
1 grüne Chilischote
2 EL Holunderblütensirup
(Reformhaus)
frisch gemahlener Pfeffer
½ Bund Dill
2 Pakete Flusskrebsfleisch
(à 100 g, fertig gegart, Kühlregal)
1 kleines Baguette-Brot
40 g weiche Butter
1 EL Puderzucker

Fertig in 40 Minuten

Pro Portion
ca. 270 kcal, E 10 g,
F 14 g, KH 27 g

FÜR DAS AVOCADOMUS

→ Avocado halbieren, den Stein herauslösen (aufheben), das Fruchtfleisch mit einem Teelöffel herauskratzen. Zitrone auspressen. Avocadofleisch mit einer Gabel zerdrücken und etwa 2 EL Zitronensaft unterarbeiten.

→ Das Avocadomus mit Salz abschmecken. Den Stein der Avocado in das Püree drücken und die Oberfläche mit einem Stück Frischhaltefolie abdecken, sodass keine Luft drankommt. So behält es seine schöne grüne Farbe. Kalt stellen.

FÜR DIE APFEL-SALSA

→ Apfel abspülen und ungeschält erst in dünne Scheiben schneiden, sodass nur das Kerngehäuse zurückbleibt. Scheiben dann in kurze Stifte schneiden. Limettensaft mit den Apfelstiften mischen. Chili abspülen, putzen und fein hacken. Apfel-Salsa mit Chili, Sirup, Salz und Pfeffer mischen. Dill abspülen, trocken tupfen, Grün von den Stängeln zupfen und grob hacken. Dill unter die Salsa rühren.

→ Krebsfleisch kurz abspülen, abtropfen lassen.

→ Den Backofengrill auf höchster Stufe vorheizen.

→ Baguette schräg in etwa ½ cm dicke Scheiben schneiden. Dünn mit Butter bestreichen, salzen und mit Puderzucker bestäuben. Scheiben auf den Backofenrost legen und etwa 2 Minuten unter dem Grill goldbraun rösten.

→ Avocadomus, Salsa und Krebsfleisch in großen Esslöffeln oder kleinen Gläschen anrichten oder die Krebse bereits mit der Salsa mischen. Zum Verzehr die gerösteten Brotscheiben mit Avocadomus bestreichen, leicht pfeffern und mit Krebsfleisch und zum Schluss der Salsa belegen.

Ceviche

MIT APFEL UND ERBSEN

*Die in Limette marinierte Rotbarbe ist auf fein säuerliche Apfelscheiben gebettet.
Die knallgrünen Erbsen sind auch optisch ein Genuss*

ZUTATEN

6 Portionen

500 g ganz frische Rotbarben-
oder Barschfilets (ohne Haut;
aus nachhaltigem Fischfang,
z. B. mit MSC-Siegel)
2–3 Limetten
4 EL gutes Olivenöl
80 g TK-Erbsen
2 Lauchzwiebeln
½ Bund Minze
Salz
frisch gemahlener Pfeffer
2–3 Äpfel
Zitronensaft zum Beträufeln

— Fischfilets abspülen, eventuell letzte Gräten entfernen und die Filets in sehr kleine Würfel schneiden. Die Limetten auspressen, den Saft und 1 EL Olivenöl über die Fischwürfel träufeln und alles gut mischen. Sofort kalt stellen und mindestens 1 bis maximal 8 Stunden ziehen lassen.

— Erbsen in kochendes Wasser geben und nochmals aufkochen lassen. Abgießen und abtropfen lassen. Lauchzwiebeln putzen, abspülen und in feine Ringe schneiden. Minze abspülen, trocken schütteln und grob zupfen.

— Die Fischwürfel etwas abtropfen lassen und mit Lauchzwiebeln, Salz und Pfeffer mischen.

— Äpfel abspülen und das Kerngehäuse mit einem Apfelausstecher entfernen. Äpfel quer in sehr dünne Ringe schneiden und mit Zitronensaft beträufeln.

— Die Apfelscheiben etwas gefächert auf 6 Teller legen. Darauf jeweils einen Metallring (Ø etwa 6 cm) setzen, mit jeweils 2 EL Ceviche und 2 TL Erbsen füllen, andrücken und den Ring entfernen.

— Die Minze darüberstreuen und das restliche Olivenöl darüberträufeln. Sofort servieren.

 Ohne Wartezeit fertig in
25 Minuten

 Pro Portion
ca. 225 kcal, E 19 g,
F 12 g, KH 9 g

Hummer und Lachs

MIT BUTTER-DUO UND RÖSTKARTOFFELN

Macht mächtig was her auf der Tafel: Hummer in Schale mit mildem Räucherlachs und krossen Kartoffeln, dazu doppelt raffinierte Butter mit Vanille oder Dill

ZUTATEN
6 Portionen

KNOBLAUCH-VANILLE-BUTTER

1 Knoblauchzehe
1 Vanilleschote
100 g weiche Butter
1 Prise Salz

DILL-BUTTER

1 Bund Dill
½ TL rosa Pfefferbeeren
100 g weiche Butter

RÖSTKARTOFFELN

1,4 kg festkochende Kartoffeln
3–4 EL Öl
etwas grobes Salz

6 verzehrfertige Hummerhälften in der Schale
600 g Räucherlachs in dünnen Scheiben oder Tranchen (aus nachhaltigem Fischfang; z. B. mit MSC-Siegel)

 Ohne Wartezeit fertig in 1 Stunde

 Pro Portion
ca. 640 kcal, E 38 g,
F 42 g, KH 28 g

 Zum Lachs eventuell noch Zitrone und Crème fraîche servieren

FÜR DIE KNOBLAUCH-VANILLE-BUTTER

— Knoblauch abziehen und fein hacken. Vanilleschote längs aufschneiden und das Mark mit einem spitzen Messer herauskratzen. Knoblauch, Vanillemark, Butter und Salz mit einer Gabel gut verkneten. Buttermischung in Butterbrotpapier zu einer Rolle formen, die Enden zudrehen und für mindestens 2 Stunden kalt stellen.

FÜR DIE DILL-BUTTER

— Dillästchen abzupfen und fein schneiden. Pfefferbeeren im Mörser grob zerdrücken. Dill, Pfeffer, Butter und eine Prise Salz mit einer Gabel gut verkneten. Dill-Butter in Butterbrotpapier wickeln und kalt stellen.

— Den Backofen auf 200 Grad (Umluft nicht geeignet), Gas Stufe 4 vorheizen.

FÜR DIE RÖSTKARTOFFELN

— Kartoffeln schälen, abspülen und in etwa 1 cm große Würfel schneiden. Kartoffeln und Öl mischen und auf einem mit Backpapier ausgelegten Backblech verteilen. Salzen und Kartoffeln im Ofen etwa 35–40 Minuten goldbraun rösten. Dabei ein- bis zweimal mit einem Pfannenwender wenden, damit die Würfel rundherum kross werden.

— Hummer portionsweise in einem großen Sieb über einen großen Topf mit sprudelnd kochendem Wasser hängen und abdecken. Hummer im heißen Wasserdampf etwa 4–5 Minuten erwärmen und heiß servieren (nicht ins Wasser legen, sondern nur vom Dampf erhitzen lassen).

— Lachs auf einer Platte anrichten. Die beiden in Scheiben geschnittenen Buttersorten und die Röstkartoffeln dazu reichen. Die Butter auf dem heißen Hummer zerlaufen lassen.

Tipps

Kartoffeln schon am Vortag schälen,
würfeln und in einer Schüssel
mit Wasser bedeckt kühl stellen.

Buttersorten ebenfalls 1–2 Tage vorher
zubereiten und kalt stellen.

Auch kalt serviert schmeckt der Hummer
köstlich, dann am besten Brot dazu
servieren.

Bandnudeln
MIT COGNAC-GARNELEN

Die Garnelen nehmen über Nacht ein Cognac-Bad, um dann mit
Schalottencreme auf der Pasta Eindruck zu machen

ZUTATEN

6 Portionen

18 geschälte Riesengarnelen
à 30 g
1 Limette
2 Knoblauchzehen
6 EL Cognac (oder Weinbrand)
frisch gemahlener Pfeffer
Salz
3 Schalotten
60 g Butter
500–600 ml Gemüsefond (Glas)
500 g Cremefine (15 % Fett;
oder Schlagsahne)
600 g grüne Bandnudeln
evtl. einige Stängel Dill

Ohne Wartezeit fertig in
30 Minuten

Pro Portion
ca. 700 kcal, E 33 g,
F 25 g, KH 76 g

▸ Die Garnelen abspülen, trocken tupfen und in eine Schüssel
legen.

▸ Limetten auspressen. Knoblauch abziehen und zerdrücken.
Limettensaft, Knoblauch und Cognac verrühren und mit Pfeffer und Salz würzen. Über die Garnelen gießen und mindestens
2 Stunden, besser über Nacht, ziehen lassen. Zwischendurch
wenden.

▸ Die Schalotten abziehen und fein würfeln. 1 EL Butter in
einem Topf erhitzen und die Schalotten darin andünsten. Fond
und Cremefine dazugießen und bei großer Hitze im offenen
Topf auf gut die Hälfte einkochen lassen. Den Sud von den eingelegten Garnelen durch ein Sieb gießen und unter den eingekochten Fond rühren. Die Hälfte der Sauce abnehmen und
beiseitestellen.

▸ Inzwischen die Nudeln in reichlich Salzwasser knapp gar
kochen (die restliche Garzeit bekommen sie in der Sahnesauce).

▸ Nudeln abtropfen lassen und in die eine Hälfte der Sahnesauce geben. Einmal aufkochen und abgedeckt etwa 5 Minuten
ziehen lassen.

▸ Inzwischen die restliche Butter in einer Pfanne erhitzen und
die abgetropften Garnelen darin von jeder Seite etwa 2 Minuten
braten.

▸ Nudeln in eine vorgewärmte Schüssel oder auf eine Platte geben und die gebratenen Garnelen darauf anrichten.

▸ Restliche Sauce noch einmal erwärmen, eventuell mit einem
Stabmixer cremig aufschlagen und separat zu den Nudeln servieren. Eventuell mit Dillstängeln dekorieren.

Lachsfilet
AUF MANGOLDGEMÜSE

Warum nicht auf asiatische Art? Der Lachs ist mit einer Honig-Sojasauce mariniert und wird von Ingwer-Sesam-Mangold begleitet

ZUTATEN
4 Portionen

800 g Lachsfilet ohne Haut
Meersalz
grob geschroteter bunter
oder schwarzer Pfeffer
2 TL Sojasauce
1 TL flüssiger Honig
1 TL Sonnenblumenöl

GEMÜSE
1 Mangold (570 g)
1 cm frischer Ingwer
1 Schalotte
1 EL Sonnenblumenöl
1/8 l Gemüsebrühe
1 TL Sesamsaat

— Den Backofen auf 200 Grad, Umluft 180 Grad, Gas Stufe 4 vorheizen.

— Lachsfilet abspülen, trocken tupfen, mit wenig Salz und dem Pfeffer würzen und in eine ofenfeste Form legen.

— Sojasauce, Honig und Öl verrühren und über den Fisch träufeln. Im Ofen 15 Minuten backen. Dabei immer wieder mit etwas Sojasaucenmarinade aus der Form übergießen.

FÜR DAS GEMÜSE
— Von der Mangoldstaude das Wurzelende abschneiden. Die einzelnen Mangoldblätter voneinander lösen, die Blätter abspülen und trocken tupfen. Die weißen Blattstiele abschneiden und würfeln.

— Ingwer und Schalotte schälen und fein würfeln. Öl in einer Pfanne oder einem weiten Topf erhitzen und den Ingwer und die Schalotte darin glasig dünsten. Blattstielwürfel dazugeben und kurz mitdünsten. Mangoldblätter und Brühe dazugeben, Topfdeckel auflegen und etwa 10 Minuten dünsten. Mit Salz und Pfeffer würzen.

— Den Sesam in einer Pfanne ohne Fett rösten.

— Das Mangoldgemüse auf eine Platte oder in eine Form geben. Das Fischfilet zusammen mit dem Sud daraufgeben und mit Sesam bestreuen.

 Fertig in 45 Minuten

 Pro Portion
ca. 305 kcal, E 40 g,
F 14 g, KH 5 g

 Dazu Reis

Gemüse-Säckchen

Überraschungspäckchen: Im Blätterteig versteckt sich knackiges Asia-Gemüse.
Sozusagen Frühling ohne Rollen

ZUTATEN
12 Stück, vegetarisch

GEMÜSESÄCKCHEN
12 Blätter TK-Frühlingsrollenteig
(20 × 20 cm)
300 g TK-Blattspinat
250 g rote Linsen
½ l Gemüsebrühe
1 Bund Lauchzwiebeln (200 g)
1 rote Chilischote
2–3 EL Tahin (Sesampaste)
2 EL süße Sojasauce
2–3 EL Sesamsaat
Salz
frisch gemahlener Pfeffer
3 EL Erdnussöl

SAUCE
2 Knoblauchzehen
20 g frischer Ingwer
300 ml Gemüsebrühe
100 ml Sojasauce
2 EL Tahin
½ EL Zucker
2 TL Speisestärke
50 ml Reis- oder Weißwein
(oder Wasser)

Fertig in
1 Stunde 10 Minuten

Pro Stück
ca. 235 kcal, E 10 g,
F 10 g, KH 25 g

FÜR DIE GEMÜSESÄCKCHEN

— Die Teigblätter auftauen lassen. 1–2 EL Wasser in einem kleinen Topf aufkochen, den Blattspinat hineingeben und bei kleiner Hitze im geschlossenen Topf im Wasserdampf auftauen lassen. Spinat gut ausdrücken und grob hacken. Linsen in der Gemüsebrühe 10 Minuten kochen.

— Lauchzwiebeln putzen, abspülen und in feine Ringe schneiden. Chilischote längs halbieren und die Kerne herauskratzen. Chili hacken und die Hälfte für die Sauce beiseitestellen (mit Küchenhandschuhen arbeiten).

— Die Lauchzwiebeln, Spinat, abgetropfte Linsen, ½ gehackte Chili, Tahin, Sojasauce und Sesamsaat verrühren. Mit Salz und Pfeffer abschmecken. Bei der Tahin-Paste setzt sich manchmal oben etwas Öl ab, deshalb vor Gebrauch immer umrühren. Das Öl macht die Paste geschmeidig.

— Den Backofen auf 180–200 Grad, Umluft 180–200 Grad, Gas Stufe 3–4 vorheizen.

— Teigblätter ausbreiten und dünn mit Erdnussöl bestreichen. Je 2 gehäufte EL Gemüsefüllung in die Mitte geben. Die Blätter an den Ecken fassen und zu Säckchen zusammendrehen. Die Säckchen auf mit Backpapier ausgelegte Backbleche legen und im Ofen etwa 10–15 Minuten goldbraun backen.

FÜR DIE SAUCE

— Knoblauch und Ingwer hacken. Gemüsebrühe, Sojasauce, Knoblauch, Ingwer und restlichen Chili aufkochen. Tahin und Zucker unterrühren, Sauce mit Salz und Pfeffer abschmecken. Stärke und Reiswein verrühren, in die Sauce gießen und einmal aufkochen. Sauce durch ein Sieb gießen und zu den Gemüsesäckchen servieren.

Filet à la Wellington

Gleich doppelt ummantelt: Das Schweinefilet ist umhüllt von Thüringer Mett
für die Würze und einem Blätterteig, der alles zusammenhält

ZUTATEN

5 Portionen

1 großes Schweinefilet (600 g;
am besten Bio)
Salz
frisch gemahlener Pfeffer
2 EL Öl
1 Zwiebel
500 g Champignons
500 g gewürztes Schweinemett
(Thüringer Mett; am besten Bioqualität)
2 Zweige Thymian
1 Paket Blätterteig (450 g)
Mehl für die Arbeitsfläche
1 kleines Ei

 Ohne Wartezeit fertig in
1 Stunde 15 Minuten

 Pro Portion
ca. 845 kcal, E 52 g,
F 58 g, KH 28 g

 Dazu grüner Salat oder
Brokkoli

— Schweinefilet mit Salz und Pfeffer einreiben. Öl in einer Pfanne erhitzen und das Filet darin rundherum braun anbraten. Aus der Pfanne nehmen und etwas abkühlen lassen.

— Inzwischen die Zwiebel abziehen und fein würfeln. Champignons putzen und mit einem großen Messer fein hacken. Beides in der Pfanne im Bratfett unter Rühren etwa 10 Minuten dünsten. Mit Salz und Pfeffer abschmecken. Abkühlen lassen.

— Gebratene Zwiebel und Pilze, Mett und abgezupfte Thymianblättchen verkneten. Die Masse (Farce) eventuell mit Salz abschmecken.

— Blätterteigscheiben nebeneinander antauen lassen. Dann übereinanderlegen und auf bemehlter Arbeitsfläche zum Rechteck (Schweinefilet und Farce sollen gut Platz haben) ausrollen.

— Die Hälfte der Farce auf den Blätterteig drücken, Teigränder dabei etwa 4 cm frei lassen. Das Filet darauflegen und mit der restlichen Farce umhüllen. Die freien Teigränder mit Eiweiß bestreichen. Fleisch in den Blätterteig rollen und zu einem schönen »Paket« formen. Mit der Nahtseite nach unten auf ein mit kaltem Wasser abgespültes Backblech legen.

— Den Backofen auf 200 Grad, Umluft 180 Grad, Gas Stufe 4 vorheizen.

— In die Teigoberfläche 2 Löcher schneiden (eventuell mit einem Blütenausstecher) und die ausgestochenen Plätzchen mit dem verquirlten Ei auf den Teig kleben. Den Teig rundherum mit Ei bestreichen.

— Das Filet à la Wellington in den Ofen schieben und etwa 30 Minuten backen. Im ausgeschalteten Ofen bei geöffneter Tür noch 10 Minuten ruhen lassen. Am besten mit einem Elektromessser in Scheiben schneiden.

Walnuss-Polenta-Küchlein

AUF RAHMWIRSING

*Polenta und Walnüsse sind eine klasse Kombination aus weich und knackig.
Perfekt dazu das Bett aus sahnigem Wirsing-Mandel-Gemüse*

ZUTATEN

6 Portionen, vegetarisch

KÜCHLEIN

80 g Walnusskerne
1 Bund Thymian
50 g Blauschimmelkäse
50 g Parmesan-Käse
1 Knoblauchzehe
Salz
250 g Maisgrieß (Polenta)
frisch gemahlener Pfeffer
Fett für Form und Blech

RAHMWIRSING

1 kleiner Wirsingkohl (ca. 800 g)
1 kleine rote Chilischote
2 Zwiebeln
1 Knoblauchzehe
1 EL Butter
200 ml Gemüsebrühe
200 g Schlagsahne
geräuchertes Paprikapulver
(oder Edelsüß-Paprikapulver)
2 EL Mandelblättchen

 Fertig in 1 Stunde

 Pro Stück
ca. 445 kcal, E 15 g,
F 28 g, KH 37 g

FÜR DIE KÜCHLEIN

— Walnüsse in einer Pfanne ohne Fett anrösten, abkühlen lassen, fein hacken. Thymian abspülen, trocken tupfen und, bis auf ein paar Stiele, die Blättchen abzupfen. Blauschimmelkäse klein würfeln, Parmesan fein reiben. Knoblauch andrücken, die Schale entfernen. 750 ml Wasser, 1 gestrichener EL Salz und Knoblauch aufkochen, Polenta langsam unter ständigem Rühren einrieseln lassen. Polenta nach Packungsanweisung fertig garen, Knoblauch entfernen.

— Nüsse, Blauschimmelkäse, die Hälfte des Parmesans und Thymianblättchen unter die heiße Polenta heben, mit Salz und Pfeffer abschmecken. Eine Form mit 3 cm hohem Rand (1,2 l Inhalt) mit Klarsichtfolie auslegen. Polenta hineingeben, glatt streichen und abkühlen lassen.

FÜR DEN RAHMWIRSING

— Wirsing putzen, vierteln, Strunk entfernen, Kohlviertel in schmale Streifen schneiden. Chili entkernen und fein würfeln. Zwiebeln und Knoblauch würfeln, mit dem Wirsing in der Butter andünsten. Brühe und Sahne dazugießen, mit Chili, Paprika, Salz und Pfeffer würzen. Zugedeckt etwa 10 Minuten bei kleiner Hitze kochen. Den Backofen auf 200 Grad, Umluft 180 Grad, Gas Stufe 4 vorheizen.

— Polenta auf die Arbeitsfläche stürzen, Folie entfernen, 6 Taler (Ø 6 cm) ausstechen. Taler auf ein gefettetes Backblech legen. Restlichen Parmesan darüberstreuen und im Backofen 20 Minuten goldbraun überbacken. Mandeln in einer Pfanne ohne Fett anrösten. Rahmwirsing und Polentataler auf Tellern anrichten. Restliche Sauce vom Wirsing aufschäumen und über das Gemüse geben. Mit Mandeln und Thymianstielen garniert sofort servieren.

Entenbrust
MIT ROTWEINSAUCE

Mit der samtigen Sauce aus Rotwein, Trauben und Zimt hat die
rosa gebratene Entenbrust beste Begleitung

ZUTATEN
2 Portionen

2 kleine Entenbrustfilets (etwa
380 g; am besten Bioqualität)
Salz
frisch gemahlener Pfeffer

SAUCE
2 Schalotten
¼ l kräftiger Rotwein
150 ml Entenfond (aus dem Glas;
oder Brühe)
evtl. etwas gemahlener Zimt
100 g kernlose Weintrauben
etwas dunkler Saucenbinder

 Fertig in 40 Minuten

 Pro Portion
ca. 585 kcal, E 36 g,
F 33 g, KH 19 g

 Dazu Zuckerschoten-
Gemüse und Kartoffel-
gratin (Rezept siehe
nächste Seite)

— Den Backofen auf 180 Grad, Umluft 160 Grad, Gas Stufe 3
vorheizen.

— Die Entenbrustfilets abspülen und gut trocken tupfen. In
einer Pfanne ohne weitere Fettzugabe zuerst auf der Hautseite,
dann auf der Fleischseite kurz anbraten. Salzen und pfeffern.

— Die Filets auf den Rost des Backofens legen (eine kleine
ofenfeste Form zum Auffangen des Fleischsaftes darunterstellen)
und in den heißen Backofen schieben. Etwa 10 Minuten (dann
ist die Entenbrust innen noch rosa) oder etwas länger braten.

FÜR DIE SAUCE
— Schalotten abziehen, fein würfeln. Im Bratfett von der Entenbrust andünsten. Wein und Fond dazugießen. Bei großer Hitze
auf die Hälfte einkochen lassen.

— Die eingekochte Sauce durch ein Sieb gießen und mit Salz,
Pfeffer und eventuell einer Prise Zimt abschmecken.

— Trauben abspülen, von den Rispen streifen, eventuell halbieren und in der Sauce erhitzen. Den ausgetretenen Fleischsaft
von der Entenbrust aus dem Backofen unter die Sauce rühren.

— Die Sauce nochmals aufkochen und mit etwas Saucenbinder
andicken.

— Die Entenbrustfilets in Scheiben schneiden und mit der Sauce
anrichten.

Kartoffelgratin

Als Beilage zu Fleischgerichten oder auch solo – ein gutes Gratin aus
hauchdünnen Kartoffelscheiben geht immer

ZUTATEN

8 Portionen, vegetarisch

1,2 kg festkochende Kartoffeln
Salz
frisch gemahlener Pfeffer
300 g Schlagsahne
40 g frisch geriebener Parmesan-
Käse
1 EL Butter
Fett für die Form

— Den Backofen auf 200 Grad, Umluft 180 Grad, Gas Stufe 4 vorheizen.

— Kartoffeln schälen, abspülen und in sehr dünne Scheiben schneiden oder hobeln. Kartoffelscheiben in einer gefetteten Gratinform fächerartig einschichten, jede Lage salzen und pfeffern.

— Die Sahne über die Kartoffeln gießen und alles mit Parmesan bestreuen. Die Butter als Flöckchen auf dem Gratin verteilen.

— Im Ofen etwa 35–40 Minuten goldbraun überbacken. Falls das Gratin zu dunkel wird, gegen Ende der Backzeit mit Backpapier abdecken.

 Fertig in 1 Stunde

 Pro Portion
ca. 235 kcal, E 5 g,
F 15 g, KH 19 g

Tipp

Zum Vorbereiten Gratin nur 30 Minuten
backen, aus dem Ofen nehmen
und komplett abkühlen lassen. Gratin gut
abgedeckt in der Form einfrieren,
hält sich 1–2 Wochen. Zum Servieren
2–3 Stunden bei Zimmertemperatur
antauen lassen, dann im vorgeheizten
Ofen (200 Grad, Umluft 180 Grad,
Gas Stufe 4) etwa 15–20 Minuten fertig
backen.

Krustenbraten
MIT KÜRBISPÜREE

Schwein gehabt! Dieser Braten darf in Marsala schmoren, bekommt im Ofen eine Superkruste und dann noch Kartoffel-Kürbis-Stampf zur Seite

ZUTATEN
6 Portionen

BRATEN
1,5 kg Schweinebraten (Kotelett-strang am Knochen und mit Schwarte; am besten Bioqualität)
Salz
frisch gemahlener Pfeffer
600 g Schalotten
2 TL getrocknete Kräuter der Provence
400 ml Marsala-Wein
200 ml Geflügelfond (Glas)
½ Bund Thymian

KÜRBISPÜREE
250 g Knollensellerie
250 g Kartoffeln
1 kg Kürbis (z. B. Hokkaido)
1 Zwiebel
1 Knoblauchzehe
2 EL Olivenöl
1 TL gemahlener Zimt
100 ml Gemüsefond oder -brühe
80 g Schlagsahne
1 gestrichener EL brauner Zucker

Ohne Wartezeit fertig in
2 Stunden 35 Minuten

Pro Portion
ca. 605 kcal, E 60 g,
F 23 g, KH 20 g

— Den Backofen auf 150 Grad, Umluft 130 Grad, Gas Stufe 3 vorheizen.

FÜR DEN BRATEN
— Die Schwarte rautenförmig einschneiden (am besten den Fleischer darum bitten) und mit 2 TL Salz einreiben. Das Fleisch in einen Bräter oder eine ofenfeste Form legen und pfeffern. Schalotten abziehen, mit den Kräutern mischen und um den Braten herum verteilen. Auf der unteren Schiene im Ofen etwa 1 Stunde 45 Minuten braten. Nach 45 Minuten Bratzeit Marsala und Fond dazugießen. Thymian abspülen, zupfen und dazugeben.

FÜR DAS KÜRBISPÜREE
— Inzwischen Sellerie und Kartoffeln schälen und abspülen. Den Kürbis putzen und abspülen. Sellerie, Kartoffeln und Kürbis in kleine Stücke schneiden. Zwiebel und Knoblauch abziehen und fein würfeln. Öl in einem Schmortopf erhitzen. Kürbis, Sellerie, Kartoffeln, Zwiebel und Knoblauch darin anbraten. Mit Salz, Pfeffer und Zimt würzen.

— Brühe, Sahne und Zucker zufügen und alles zugedeckt 15 bis 20 Minuten bei mittlerer Hitze kochen lassen. Gelegentlich umrühren. Zum Schluss mit einem Kartoffelstampfer zerstampfen und nochmals abschmecken.

— Den Backofen auf 220 Grad, Umluft 200 Grad, Gas Stufe 5 hochschalten. Den Braten auf der mittleren Schiene weitere 15–25 Minuten braten, damit die Kruste kross wird. Wer einen Backofengrill hat, kann die Kruste danach noch grillen – nur sehr kurz, damit sie nicht verbrennt.

— Braten vor dem Anschneiden noch 15 Minuten in Alufolie gewickelt ruhen lassen. Den Braten vom Knochen schneiden. Schalotten-Marsala-Sauce und das Kürbispüree dazu servieren.

Tipp

Wer die Sauce lieber dickflüssiger mag, kann je 1 EL Mehl und weiche Butter verkneten und in kleinen Flöckchen in die kochende Sauce rühren.

Schokoladen-Flammeri

MIT MANDELN

Die Edelvariante des Schoko-Puddings braucht kein Chichi –
aber ein paar gehackte Mandeln sind doch willkommen

ZUTATEN

4 Portionen

¾ l Milch
je 45 g Speisestärke und
Kakaopulver
60 g brauner Zucker
1 Prise Meersalz
3 EL gehackte Mandeln

— 200 ml von der Milch abnehmen und mit Speisestärke und
Kakao verrühren.

— Restliche Milch mit braunem Zucker und Salz aufkochen. Die
angerührte Speisestärke mit einem Schneebesen unterrühren
und unter ständigem Rühren bei kleiner Hitze aufkochen lassen.
Die Hälfte der Mandeln unterheben.

— Flammeri in 4 Gläser füllen. Abkühlen lassen.

— Die restlichen Mandeln in einer Pfanne ohne Fett goldbraun
rösten. Herausnehmen und kurz vor dem Servieren über den
Flammeri streuen.

 Ohne Wartezeit fertig in
15 Minuten

 Pro Portion
ca. 335 kcal, E 11 g,
F 16 g, KH 36 g

Tipp

*Auch gut – kurz vor dem Servieren mit
je 2–3 EL flüssiger Sahne begießen.*

Weißes Schoko-Kokos-Parfait

Exotischer Sommergruß: Cremiges Kokoseis auf einer Basis aus weißer Schokolade. Ananas bringt sonnige Süße auf den Teller

ZUTATEN

8 Portionen

40 g Kokosraspel
300 g weiße Schokolade
250 g Schlagsahne
1 Limette
1 Vanilleschote
100 ml Kokosmilch (aus der Dose)
1 Prise Meersalz
½ Baby-Ananas oder 1 Blutorange

— Kokosraspel in einer Pfanne ohne Fett leicht rösten, aus der Pfanne nehmen (durch Nachwärme werden sie schnell zu braun). Abkühlen lassen.

— Schokolade in Stücke brechen und in einer kleinen Schüssel im heißen Wasserbad schmelzen.

— Die Sahne steif schlagen. Limette heiß abspülen, trocken tupfen und die Schale fein abreiben, Limette auspressen. Vanilleschote längs aufschneiden und das Mark auskratzen.

— Kokosmilch, Limettenschale und -saft, ausgekratztes Vanillemark und Salz unter die Sahne rühren. Geschmolzene Schokolade esslöffelweise unterrühren. Zum Schluss die Hälfte der Kokosraspel unterheben.

— Eine kleine Form (etwa 1 l Inhalt) mit Frischhaltefolie auslegen. Die Schokomasse einfüllen und über Nacht einfrieren.

— Früchte schälen und in Spalten schneiden.

— Schoko-Parfait aus der Form auf eine Platte stürzen und die Folie abziehen. Mit Früchten und restlichen Kokosraspeln garnieren.

Ohne Wartezeit fertig in
50 Minuten

Pro Portion
ca. 360 kcal, E 3 g,
F 26 g, KH 28 g

Stracciatellacreme

MIT HEIDELBEEREN

Schoko-Sahne, Mascarpone und Heidelbeeren verschmelzen
in stimmiger Harmonie

ZUTATEN

8 Portionen

1 Vanilleschote
100 g weiße Schokolade
200 g Schlagsahne
250 g Mascarpone
2 EL Zucker
150 g TK-Heidelbeeren
4 Blatt weiße Gelatine
1 EL Zitronensaft
30 g Raspelschokolade

— Vanilleschote längs aufschneiden, das Mark herauskratzen. Schokolade in Stücken, Vanillemark und -schote in der Sahne erwärmen und die Schokolade schmelzen lassen. Die Schokoladensahne über Nacht im Kühlschrank ganz erkalten lassen. Nur wenn die Schoko-Sahne ganz kalt ist, kann man sie zu einer luftigen Creme aufschlagen.

— Mascarpone und Zucker mit den Quirlen des Handrührers verrühren. Die Heidelbeeren antauen lassen. Gelatine in kaltem Wasser einweichen, gut ausdrücken und über dem heißen Wasserbad schmelzen lassen.

— 2–3 EL von der Mascarponecreme zur Gelatine geben und verrühren. Diese Mischung dann zur restlichen Mascarponecreme geben und glatt rühren. Den Zitronensaft ebenfalls unterrühren.

— Die Vanilleschote aus der Schokoladensahne nehmen und die Sahne mit den Quirlen des Handrührers cremig aufschlagen. Raspelschokolade unterrühren. Schokoladensahne und Mascarponecreme verrühren und die Heidelbeeren schlierenartig (nicht zu viel rühren!) unterheben.

— Die Creme in Schälchen füllen und im Kühlschrank fest werden lassen.

 Ohne Wartezeit fertig in
50 Minuten

 Pro Portion
ca. 320 kcal, E 3 g,
F 27 g, KH 16 g

Schokoladen-Mousse
MIT PFEFFERBEEREN

Diese Schaumschlägerei mögen alle: Hier ist ein helles Mousse au chocolat,
aufgehübscht mit Rosenblüten und rosa Beeren

ZUTATEN
8 Portionen

200 g Zartbitter-Schokolade
2 Eier (ganz frisch)
2 EL Zucker
400 g Schlagsahne
evtl. 2 EL Cognac
getrocknete Rosenblütenblätter
(oder Schokoraspel oder
gestoßene rosa Pfefferbeeren
zum Bestreuen)

— Die Schokolade in Stücke brechen und in einer Schüssel im heißen Wasserbad schmelzen lassen.

— Eier trennen. Eigelbe und Zucker mit den Quirlen des Handrührers dickschaumig aufschlagen.

— Eiweiß und Sahne getrennt sehr steif schlagen.

— Da die Eier nicht mehr garen, sollten sie ganz frisch sein. Die Mousse immer gut kühlen und nicht länger als 2 Tage aufheben.

— Zuerst flüssige Schokolade, eventuell Cognac und Sahne unter die Eigelbmasse ziehen. Zum Schluss den Eischnee vorsichtig unterheben. Der Eischnee muss gut untergerührt werden, sodass keine Flöckchen mehr sichtbar sind. Andererseits sollte nicht zu viel gerührt werden, weil die Mousse sonst ihre Luftigkeit verliert.

— Die Mousse in eine Schüssel füllen und im Kühlschrank mindestens 4 Stunden, besser über Nacht, durchkühlen lassen.

— Kurz vor dem Servieren mit Blütenblättern, Schokoraspeln oder Pfefferbeeren bestreuen.

 Fertig in 30 Minuten

 Insgesamt
320 kcal, E 5 g,
F 25 g, KH 19 g

Ostern

Endlich Frühling, die Fastenzeit ist vorbei und alles steht auf Anfang: Ostern ist also die schönste Gelegenheit, Familie und Freunde zusammen- zutrommeln und in den ersten wärmenden Sonnenstrahlen gemeinsam das Frühjahrsfest zu feiern. Ob Sie zum Frühstück mit krossem Baguette und selbst gemachter Konfitüre einladen, einen Brunch veranstalten mit Lachs und Gemüseflan oder den klassischen Osterzopf auf die Kaffeetafel stellen: Wir haben die Rezepte für Sie.
Und Eierlikör gibt's auch!

Gefüllter Osterzopf

Keine Angst vor Hefeteig, der braucht nur etwas Zuneigung, und will dann seine Ruhe. Wenn er beides bekommt, lässt er sich sogar mühelos füllen und flechten

ZUTATEN

20 Scheiben, vegetarisch

TEIG

½ Würfel Hefe (21 g)
125 ml Milch
100 g Zucker
500 g Mehl (Type 550)
2 Eier
½ TL Salz
2 Päckchen Bourbon-Vanillezucker
100 g weiche Butter
Mehl zum Bearbeiten

FÜLLUNG

100 g getrocknete Feigen
100 ml Pflaumenwein oder
Traubensaft
2 EL Blaumohn
200 g Marzipan-Rohmasse
1 Ei
2 EL Mandelblättchen

 Ohne Wartezeit fertig in
1 Stunde 10 Minuten

 Pro Scheibe
ca. 245 kcal, E 5 g,
F 9 g, KH 35 g

FÜR DEN TEIG

— Hefe zerbröseln, mit 4 EL lauwarmer Milch und 1 TL Zucker verrühren. 2 TL Mehl unterrühren. Restliches Mehl in eine große Schüssel geben, eine Mulde hineindrücken, Hefemischung hineingeben und etwas vom Mehl darüberstreuen. An einem warmen Ort etwa 20 Minuten gehen lassen.

— Restliche lauwarme Milch, restlichen Zucker, Eier, Salz, Vanillezucker und Butter zum Vorteig geben. Alles mit den Knethaken des Handrührers zu einem glatten Teig verkneten. Den Teig nochmals abgedeckt an einem warmen Ort etwa 45 Minuten gehen lassen, bis sich das Volumen verdoppelt hat.

FÜR DIE FÜLLUNG

— Feigen fein hacken und mit dem warmen Pflaumenwein und Mohn mischen. Mischung etwa 20 Minuten ziehen lassen. Marzipan in kleine Würfel schneiden und beiseitestellen.

— Teig mit den Händen nochmals auf wenig Mehl kurz durchkneten. Dann auf der bemehlten Arbeitsfläche zu einem Rechteck (50 × 40 cm Größe) ausrollen. Teig längs dritteln. Auf jeden Streifen mittig längs Feigenmischung verteilen. Marzipan darüberstreuen. Jeden Streifen zu einem langen Teigstrang aufrollen, locker zu einem Zopf flechten und auf ein mit Backpapier ausgelegtes Backblech legen. Etwa 40 Minuten abgedeckt an einem warmen Ort gehen lassen.

— Den Backofen auf 180 Grad, Umluft 160 Grad, Gas Stufe 3 vorheizen.

— Zopf mit verquirltem Ei bestreichen und Mandeln darüberstreuen. Im Ofen auf der unteren Schiene 30–35 Minuten goldbraun backen, nach 10 Minuten mit Backpapier abdecken. Herausnehmen und abkühlen lassen.

Baguette

Ein selbst gebackenes Brot ist doch das Beste! Vor allem,
wenn es so schnell gemacht ist wie dieses Baguette

ZUTATEN

6 Stück

750 g Mehl (Type 550)
3 TL Meersalz
60 g frische Hefe
3 TL Zucker
Mehl zum Bearbeiten

— Mehl und Salz in einer großen Schüssel mischen, eine kleine Mulde in die Mitte drücken. Zerbröckelte Hefe und Zucker hineingeben. 50 ml lauwarmes Wasser dazugeben und mit wenig Mehl vom Rand zu einem dickflüssigen Teig verrühren. Teig abgedeckt an einem warmen Ort etwa 15 Minuten gehen lassen.

— Weitere 350 ml lauwarmes Wasser zum Vorteig geben und alles zuerst mit den Knethaken des Handrührers, dann mit den Händen zu einem glatten Teig verkneten. Zu einer Kugel formen und abgedeckt weitere 45 Minuten gehen lassen.

— Teig auf der bemehlten Arbeitsfläche kräftig kneten, 45 Minuten abgedeckt gehen lassen, erneut kurz kneten.

— Den Teig in 6 Portionen teilen und auf einer bemehlten Arbeitsfläche zu je einem länglichen Fladen (20 × 8 cm Größe) ausrollen. Die langen Seiten zur Mitte hin einschlagen. Die Enden etwas abrunden. Das Brot an beiden Enden anfassen und gegeneinander verdrehen. Auf mit Backpapier ausgelegte Backbleche legen und weitere 45 Minuten gehen lassen.

— Den Backofen auf 240 Grad, Umluft 220 Grad, Gas Stufe 6 vorheizen. Dabei auf die untere Einschubleiste die Fettpfanne des Backofens schieben. ½ l Wasser aufkochen (Wasserkocher).

— Baguettes in den Ofen schieben und 150 ml kochendes Wasser in die heiße Fettpfanne gießen. Backofentür sofort schließen, damit der Wasserdampf im Ofen bleibt. Nach 10 Minuten 150 ml Wasser nachgießen und die Temperatur auf 220 Grad, Umluft 200 Grad, Gas Stufe 5 herunterschalten. Baguettes jetzt weitere 25–30 Minuten goldbraun backen. Das Brot sollte beim Klopfen auf die Unterseite hohl klingen, dann ist es gar. Aus dem Ofen nehmen, abkühlen lassen und möglichst frisch genießen.

Ohne Wartezeit fertig in
1 Stunde

Pro Stück
ca. 460 kcal, E 16 g,
F 2 g, KH 94 g

Tipp

Die fertig gebackenen Baguettes lassen
sich prima einfrieren. Zum Servieren
den Brotlaib im Backofen auftauen bei
150 Grad, Umluft 130 Grad, Gas Stufe 1.
Dauert etwa 5–8 Minuten.

Birnen-Kapstachelbeer-Konfitüre

MIT KORIANDER

Sonne im Glas: frisch-herbe Physalis kochen in Birnensaft mit Koriander.
Klingt toll, schmeckt super!

ZUTATEN

4 Gläser à 325 ml Inhalt

400 g Kapstachelbeeren (Physalis)
etwa 2 TL Korianderkörner
500 ml Birnensaft
1 Zitrone
500 g Gelierzucker (2:1)

— Die Kapstachelbeeren aus den dünnen Hüllen lösen und abspülen. Die Früchte vierteln und in einen großen flachen Topf geben. Es sollten 350 g geviertelte Früchte sein.

— Koriander in einem Mörser zerstoßen. Koriander und Birnensaft in den Topf geben. Zitrone auspressen und den Saft dazugießen.

— Den Gelierzucker unterrühren und alles langsam unter Rühren zum Kochen bringen. Wenn die Mischung sprudelnd kocht, noch 3 Minuten unter Rühren kochen lassen (nach der Uhr).

— Den Topf von der Kochstelle nehmen und mit dem Kochlöffel etwas von der Mischung auf einen kleinen, gut gekühlten Teller geben. Wird die Probe fest, die Konfitüre randvoll in saubere und heiß ausgespülte Schraubgläser füllen.

— Bleibt die Konfitüre flüssig, nochmals 3 Minuten sprudelnd kochen lassen und die Probe auf einem kalten Teller wiederholen.

— Die gefüllten Gläser sofort fest verschließen und für 20 Minuten auf den Kopf stellen. Die Gläser dann wieder umdrehen, damit sich die Fruchtstückchen möglichst gleichmäßig im ganzen Glas verteilen.

Ohne Wartezeit fertig in
30 Minuten

Pro Glas
ca. 650 kcal, E 1 g,
F 0 g, KH 158 g

Ananas-Apfel-Konfitüre

MIT BRAUNEM RUM

*Ein Schuss Rum gibt der Ananaskonfitüre einen Hauch Verwegenheit.
Eine gute Art, den Tag zu beginnen!*

ZUTATEN

4 Gläser à 325 ml Inhalt

450 g Ananasfruchtfleisch
350 ml Apfelsaft
2 Limetten
500 g Gelierzucker (2:1)
4 EL brauner Rum

— Ananasfleisch in 3–4 mm kleine Würfel schneiden und zusammen mit dem Apfelsaft in einen großen flachen Topf geben. Eine Limette heiß abspülen und die Schale fein abreiben, den Saft von beiden Limetten auspressen. Limettenschale und -saft zusammen mit dem Zucker in den Topf zur Ananas geben.

— Alles langsam unter Rühren aufkochen lassen. Wenn die Mischung kocht, noch 3 Minuten unter Rühren weiterkochen lassen (nach der Uhr).

— Den Topf vom Herd nehmen, den Rum unterrühren und etwas Konfitüre auf einen kleinen vorgekühlten Teller geben. Wird die Probe fest, die Konfitüre randvoll in saubere und heiß ausgespülte Schraubgläser füllen.

— Bleibt die Konfitüre flüssig, nochmals 3 Minuten sprudelnd kochen lassen und die Probe auf einem kalten Teller wiederholen.

— Die gefüllten Gläser sofort fest verschließen und für 20 Minuten auf den Kopf stellen. Die Gläser dann wieder umdrehen, damit sich die kleinen Fruchtstückchen möglichst gleichmäßig im ganzen Glas verteilen.

 Ohne Wartezeit fertig in
15 Minuten

 Pro Glas
ca. 660 kcal, E 1 g,
F 1 g, KH 152 g

Möhren-, Kichererbsen- und Forellenaufstrich

Es muss nicht immer Butter sein: Veredeln Sie Ihr Brot doch mal mit Möhren-Pecorino-Creme, einer Art Hummus mit Sardellen und scharfer Fischpaste

ZUTATEN
je 4–6 Portionen

MÖHRENAUFSTRICH

350 g Möhren
1 Knoblauchzehe
30 g Pinienkerne
35 g Pecorino-/Parmesan-Käse
1 Zweig Rosmarin
1–2 EL Öl
Salz, etwas geschroteter Chili, Pfeffer

KICHERERBSENAUFSTRICH

1 Dose Kichererbsen
(265 g Abtropfgewicht)
3 Stiele Salbei
1 Schalotte
¼ TL Sardellenpaste
3 EL Schlagsahne
Salz, Pfeffer

FORELLENAUFSTRICH

200 g geräuchertes Forellenfilet
(am besten Bio)
½ TL gemahlener Koriander
1 EL Meerrettich aus dem Glas
80 g Crème fraîche
Salz

 Fertig in 50 Minuten

 Pro Portion
Möhrenstreich: ca. 150 kcal,
E 5 g, F 12 g, KH 5 g
Kichererbsenstreich: ca.
30 kcal, E 1 g, F 2 g, KH 2 g
Forellenstreich: ca. 120 kcal,
E 11 g, F 8 g, KH 1 g

FÜR DEN MÖHRENAUFSTRICH

— Die Möhren putzen, abspülen und in kleine Stücke schneiden. Knoblauch schälen und hacken. Pinienkerne in einer Pfanne ohne Fett rösten. Herausnehmen und hacken. Käse fein reiben. Rosmarin abspülen und die Nadeln vom Zweig abstreifen.

— Öl in einer Pfanne erhitzen, Möhren und Knoblauch kurz darin anbraten. Mit Salz und eventuell Chili würzen, 200 ml Wasser dazugießen. Mit Deckel etwa 10 Minuten bei kleiner Hitze kochen.

— Vom Herd nehmen und abgießen. Möhren zusammen mit dem Rosmarin fein pürieren und mit Pfeffer würzen. Käse unterheben. Pinienkerne erst kurz vor dem Servieren unterheben, sonst werden sie zu weich. Eventuell mit etwas Chili zusätzlich würzen.

FÜR DEN KIRCHERERBSENAUFSTRICH

— Kichererbsen abgießen, kurz abspülen und abtropfen lassen. Salbei abspülen, trocken tupfen und die Blättchen fein hacken. Schalotte abziehen und fein hacken. Kichererbsen, Salbei, Schalottenwürfel, Sardellenpaste und Sahne mit dem Stabmixer fein pürieren. Mit frischem Pfeffer und eventuell Salz kräftig würzen.

FÜR DEN FORELLENAUFSTRICH

— Forellenfilet mit einer Gabel fein zerdrücken und mit Koriander, Meerrettich und Crème fraîche verrühren. Den Aufstrich mit Salz und Pfeffer würzen.

Lamm-Baguette
MIT KARAMELLISIERTEN ZWIEBELN

Was für eine Luxusstulle: feinste Lammlachsscheiben,
Sahne-Soja-Sauce und als Krönung karamellisierte Zwiebelringe!

ZUTATEN
3 Portionen

**KARAMELLISIERTE
ZWIEBELN**

1 Gemüsezwiebel
2 EL Öl
3 EL brauner Zucker
2 EL Sherry (oder Apfelsaft)

BELAG

300 g Lammlachse (am besten
Bio)
2 EL Olivenöl
Salz
Ras el Hanout (orientalische
Gewürzmischung)
150 g saure Sahne
1 TL Chilisauce (Asialaden)
Zitronensaft
½ Bund Rauke

1 dünnes Baguette

FÜR DIE ZWIEBELN

— Zwiebel abziehen, halbieren, in Streifen schneiden. Öl und
Zucker in einer Pfanne erhitzen, bis der Zucker geschmolzen ist.
Zwiebelstreifen dazugeben und 10 Minuten schmoren lassen.

— Den Sherry dazugießen (Vorsicht, es dampft!) und alles bei
kleiner Hitze 5 Minuten gerade eben kochen. Abkühlen lassen.

FÜR DEN BELAG

— Das Fleisch in nicht zu dicke Scheiben schneiden. Im Öl in
einer Pfanne rundum scharf anbraten und kräftig mit Salz und
Ras el Hanout würzen. Abkühlen lassen.

— Saure Sahne und Chilisauce verrühren. Mit Salz und etwas
Zitronensaft abschmecken.

— Die Rauke abspülen und mit Küchenkrepp trocken tupfen.

— Baguettestange in 3 Stücke teilen und längs halbieren. Deckel
und Unterteile auf den Schnittflächen mit dem Chilirahm
bestreichen und mit dem gebratenen Lammfleisch, Rauke und
Zwiebeln belegen.

— Brotdeckel wieder auflegen. Die belegten Brote mit Butterbrotpapier und Bindfaden zusammenbinden.

 Ohne Wartezeit fertig in
35 Minuten

 Pro Portion
ca. 625 kcal, E 30 g,
F 26 g, KH 66 g

Tipp

Die karamellisierten Zwiebeln können durch Mango-Chutney ersetzt werden. Dann sind die Brote schneller fertig.

Möhren-Baguette
MIT CHUTNEY UND WEICHKÄSE

Knackig frische Möhren, Mango-Chutney und cremiger Weichkäse
ergeben ein besonderes Vive-la-France-Baguette

ZUTATEN

3 Portionen, vegetarisch

½ Bund mittelgroße Möhren
Salz
1 dünnes Baguette
3 EL Mango-Chutney
250 g Chaource- oder
Peyrigoux-Käse
frisch gemahlener Pfeffer
½ Bund Majoran

— Die Möhren schälen und mit dem Sparschäler in feine Scheiben schneiden. In sprudelnd kochendem Salzwasser einmal aufkochen lassen und in ein Sieb gießen. Möhren kalt abspülen und gut abtropfen lassen.

— Die Baguettestange in 3 Stücke teilen und diese der Länge nach aufschneiden. Alles mit Mango-Chutney bestreichen. Käse in Scheiben schneiden. Die unteren Hälften zuerst mit Käse, dann mit Möhrenscheiben belegen. Leicht pfeffern.

— Möhren mit Majoran bestreuen. Mit den oberen Baguettehälften abdecken und die Brote mit Butterbrotpapier und Bindfaden umwickeln.

 Fertig in 25 Minuten

 Pro Portion
ca. 490 kcal, E 26 g,
F 18 g, KH 54 g

Mortadella-Baguette

MIT GURKE UND EI

*Putenmortadella, Ei und Mayo zwischen zwei Hälften krachig-knusprigen Baguettes –
eine Sandwich-Idee für den Morgen, und zwar eine sehr gute*

ZUTATEN

3 Portionen

2 Eier
1 dünnes Baguette
30 g weiche Butter
2–3 TL süßer Senf
½ Bio-Salatgurke
½ Bund Schnittlauch
120 g Puten-Mortadella
evtl. Salz
3 EL Delikatess-Mayonnaise

— Eier in 10 Minuten hart kochen, kalt abspülen, pellen, ganz abkühlen lassen und in Scheiben schneiden. Geht gut mit einem Eierschneider.

— Das Baguette in 3 Stücke teilen und diese der Länge nach aufschneiden. Die unteren Hälften dünn mit Butter und Senf bestreichen.

— Die Gurke abpülen, trocknen und in Scheiben schneiden. Schnittlauch abspülen, trocken schütteln und in Röllchen schneiden.

— Die bestrichenen Baguettestücke zuerst mit Wurst-, dann mit Gurken, und zuletzt mit Eischeiben belegen. Die Schnittlauch-röllchen darüberstreuen. Eventuell leicht salzen.

— Die oberen Baguettehälften mit Mayonnaise bestreichen und auf die belegten Brötchenunterteile legen.

— Brote mit Butterbrotpapier und Bindfaden umwickeln.

Ohne Wartezeit fertig in
25 Minuten

Pro Portion
ca. 585 kcal, E 21 g,
F 35 g, KH 46 g

Eiersalat

Wie, ein Osterfest ohne Eiersalat? Da würde etwas fehlen zum Brunch!
Klassisch sollte er natürlich sein, wie dieser hier

ZUTATEN

10 Portionen, vegetarisch

8 ganz frische Eier
200 g Delikatess-Mayonnaise
1 TL Senfpulver
100 g Crème fraîche
2 Stangen Staudensellerie
100 g schlesische Gurken (Glas)
1 Bund Schnittlauch
Salz
frisch gemahlener Pfeffer
etwas Kerbel für die Deko

— Eier an der stumpfen Seite mit einem Eierpikser anstechen.
In kochendes Wasser geben und 8 Minuten kochen. Herausnehmen, kalt abspülen und vorsichtig pellen, sodass möglichst
²⁄₃ der Eierschale zum Füllen erhalten bleibt.

— Mayonnaise, Senfpulver und Crème fraîche mit einem
Schneebesen verrühren.

— Selleriestangen abspülen, trocknen, die Enden abschneiden
und den Sellerie entfädeln. Die Selleriestangen in kleine Würfel
schneiden.

— Die Gurkenscheiben ebenfalls klein würfeln. Schnittlauch
abspülen, trocken tupfen und in feine Röllchen schneiden.
Sellerie, Gurke und Schnittlauch mit der Mayonnaise verrühren.

— Die Eier mit einem Eierschneider würfeln und vorsichtig unter die Mayonnaise rühren. Mit Salz und Pfeffer abschmecken.

— Den fertigen Eiersalat in die leeren Eischalen füllen und in
Eierbecher setzen. Mit Kerbelblättchen verzieren und servieren.

Fertig in 30 Minuten

Pro Portion
ca. 255 kcal, E 7 g,
F 25 g, KH 2 g

Tipp

*Am besten schmeckt der Eiersalat,
wenn er noch 1–2 Stunden
im Kühlschrank durchziehen kann.*

Eier im Glas

MIT SPINAT UND RICOTTA

Keine Feier ohne Eier – diese im Glas mit Ricotta,
Parmesan und Spinat sind auch ein gesunder Mittagssnack

ZUTATEN

6 Gläser, vegetarisch

80 g junge Spinatblätter
1–2 EL Olivenöl
½ TL grob zerstoßene
Fenchelsaat
Salz
2 EL Ricotta-Käse
6 Eier
2 EL frisch geriebener
Parmesan-Käse
¼ TL Cayennepfeffer

— Den Backofen auf 180 Grad, Umluft 160 Grad, Gas Stufe 3 vorheizen.

— Spinat abspülen, trocken tupfen und in Streifen schneiden. Mit Olivenöl, Fenchel und Salz mischen. Spinat und Ricotta in die (hitzebeständigen!) Gläser geben. Je ein aufgeschlagenes Ei daraufgeben und Parmesan darüberstreuen. Mit etwas Cayennepfeffer würzen.

— Gläser in die Fettpfanne oder in eine große Auflaufform stellen und auf die mittlere Schiene des Backofens schieben. So viel kochendes Wasser in die Fettpfanne oder Form gießen, dass die Gläser 2 cm im Wasser stehen. Eier im Glas ohne Deckel etwa 12 Minuten im Ofen stocken lassen.

— Gläser mit einer Palette vorsichtig aus dem Wasser nehmen, sofort mit einem Deckel (evtl. Alufolie oder umgestülpte Tasse) verschließen. So bleiben sie länger warm.

 Fertig in 20 Minuten

 Pro Glas
ca. 145 kcal, E 10 g,
F 12 g, KH 1 g

Tipp

Am besten ein paar Eier und Zutaten mehr parat haben – Eier im Glas gehen schnell, und falls die Gäste mehr möchten, sind sie schnell gemacht.

Salziger Käsekuchen

Wer Käsekuchen nur süß und auf der Kaffeetafel kennt, denke bitte neu!
Für die würzige Variante kommt Gruyère hinein

ZUTATEN
16 Stücke, vegetarisch

KEKSBODEN
150 g Tuc-Kekse
100 g Butter

FÜLLUNG
350 g Mascarpone
350 g Magerquark (evtl. Ziegen-milchquark)
150 g frisch geriebener Gruyère-Käse
Salz
6 Eier
400 g saure Sahne
½ Bio-Zitrone
60 g Speisestärke
frisch gemahlener Pfeffer
frisch geriebene Muskatnuss

 Ohne Wartezeit fertig in 1 Stunde 40 Minuten

 Pro Stück
ca. 305 kcal, E 11 g, F 23 g, KH 13 g

 Dazu Babyleaf-Salat mit Vinaigrette, Krabben, geräuchertem Schinken (z. B. Lamm- oder Schwarzwälder Schinken), Feigensenf oder eine der Konfitüren, Obstsalat aus Zitrus-früchten und Physalis

FÜR DEN KEKSBODEN

— Die Kekse in einen Gefrierbeutel geben, verschließen und mit einer Kuchenrolle fein zerdrücken.

— Die Butter schmelzen und unter die Keksbrösel rühren. Eine Springform (Ø 26 cm) mit Backpapier auslegen und die Brösel mit den Händen zu einem festen Boden hineindrücken. Die Form in den Kühlschrank stellen.

— Den Backofen auf 200 Grad, Umluft 180 Grad, Gas Stufe 4 vorheizen.

FÜR DIE FÜLLUNG

— Mascarpone, Quark, Gruyère und etwas Salz verrühren. Ei-gelbe und saure Sahne nach und nach unterrühren.

— Die Zitrone heiß abspülen, trocken tupfen und Schale fein abreiben. Den Saft auspressen. Zitronenschale, Zitronensaft und Speisestärke unter die Quarkmasse rühren. Mit Salz, Pfef-fer und Muskat würzig abschmecken.

— Das Eiweiß steif schlagen und unterheben. Die Käsemasse auf dem Tortenboden verteilen.

— Den Käsekuchen im vorgeheizten Backofen auf der unteren Schiene etwa 1 Stunde backen. Nach 30 Minuten mit Back-papier abdecken, damit er nicht zu dunkel wird. Im geöffneten Ofen noch etwa 15 Minuten stehen lassen. Den Kuchen lau-warm oder kalt servieren.

Tipp

Käsekuchen sind sehr wandelbar
und schmecken mit süßen
Beilagen genauso gut wie mit salzigen.

Kalter Lachs

MIT MANGOSALAT

Der Lachs wird im Ofen gedämpft und erhält dann vom Zwiebel-Mango-Salat dank Limette und Chili eine frische, leicht scharfe Geschmacksnote

ZUTATEN

6 Portionen

1 Seite Lachsfilet (mit Haut)
Salz
frisch gemahlener Pfeffer

MANGOSALAT

1 Mango
1 kleine rote Zwiebel
1 Bund Koriander
1 rote Pfefferschote
1 Knoblauchzehe
3 EL frisch gepresster Limetten-saft
evtl. Limettenspalten

•— Den Backofen auf 100 Grad, Umluft 80 Grad, Gas Stufe ½ vorheizen.

FÜR DEN LACHS

•— Lachs abspülen, gut trocken tupfen, mit der Hautseite nach unten auf den Rost legen. Mit Salz und Pfeffer würzen, in den Ofen schieben. Fettpfanne drunterschieben und gut 2 cm hoch mit kochendem Wasser füllen. Lachs ca. 30 Minuten dämpfen. Aus dem Ofen nehmen, abkühlen lassen.

FÜR DEN MANGOSALAT

•— Mango schälen und fein würfeln (siehe Tipp). Zwiebel ab-ziehen, in feine Ringe schneiden. Koriander abspülen, trocken tupfen, Blättchen abzupfen. Pfefferschote abspülen, putzen, in feine Ringe schneiden. Knoblauch abziehen, in dünne Schei-ben schneiden.

•— Den Lachs auf eine Platte legen. Mango, Zwiebelringe, Pfeffer-schote, Knoblauch und Koriander kurz vor dem Servieren da-rüberstreuen. Mit Limettensaft beträufeln, salzen und pfeffern. Eventuell Limettenspalten dazulegen.

 Ohne Wartezeit fertig in
40 Minuten

 Pro Portion
ca. 250 kcal, E 31 g,
F 11 g, KH 6 g

Tipp

Für die Mangowürfel auf die Schnelle
Fruchtfleisch links und rechts am
Stein entlang abschneiden und von der
Innenseite rautenförmig bis zur
Haut einschneiden. Die Mangohälften
dann nach außen stülpen und
die Fruchtfleischwürfel abschneiden.

Gemüseflan
VOM BLECH

Der Boden aus Polenta, der Belag aus Gemüseallerlei und die Bindung aus Gruyère-Sahne – wer denkt da noch an Pizza?

ZUTATEN
12 Stücke, vegetarisch

GEMÜSEBELAG
etwa 1,2 kg Gemüse, z.B. 1 rote Paprikaschote (200 g), ¼ Blumenkohl (280 g), 1 kleine Zucchini (180 g), 2 Zwiebeln, je 250 g TK-Bohnen und -Erbsen
Salz

POLENTA
500 ml Milch
500 ml Gemüsebrühe
250 g Polenta (Maisgrieß, Instant)
1 großes Bund Basilikum
2 Knoblauchzehen
frisch gemahlener Pfeffer

GUSS
200 g Greyerzer-Käse
5 Eier
200 g saure Sahne
100 ml Milch
3 EL süßer Senf
Öl für die Fettpfanne

 Fertig in
1 Stunde 10 Minuten

 Pro Stück
ca. 270 kcal, E 15 g,
F 12 g, KH 24 g

 Dazu Feldsalat mit
Senfdressing

FÜR DEN GEMÜSEBELAG

▬ Gemüse putzen, abspülen und vorbereiten: Paprika vierteln, Trennwände und den grünen Stielansatz entfernen und in Stücke schneiden. Vom Blumenkohl die grünen Blätter und den Strunkansatz entfernen. Blumenkohl in kleine Röschen schneiden. Zucchini an beiden Enden knapp abschneiden und in Scheiben schneiden. Zwiebeln abziehen und in Spalten schneiden. Bohnen und Erbsen auftauen lassen. Bohnen halbieren.

▬ 1½ l Salzwasser aufkochen und das Gemüse nacheinander darin kurz vorkochen: Blumenkohl 4 Minuten, Zucchini, Paprika, Bohnen, Erbsen und Zwiebeln etwa 2 Minuten. Gemüse abtropfen lassen.

FÜR DIE POLENTA

▬ Milch und Brühe aufkochen, den Polentagrieß einstreuen und unter Rühren aufkochen lassen.

▬ Basilikum abspülen, einige Blätter beiseitelegen und den Rest fein schneiden. Knoblauch abziehen, durch eine Knoblauchpresse drücken und zusammen mit dem Basilikum unter die Polenta rühren. Mit Salz und Pfeffer abschmecken.

▬ Den Backofen auf 200 Grad, Umluft 180 Grad, Gas Stufe 4 vorheizen. Die Fettpfanne des Backofens fetten. Die Polenta gleichmäßig dick darauf verstreichen. Das abgetropfte Gemüse auf der Polenta verteilen.

FÜR DEN GUSS

▬ Den Käse grob raffeln. Eier, saure Sahne, Milch, Senf und die Hälfte vom Käse verrühren. Mit Salz und Pfeffer würzen, über das Gemüse gießen. Mit dem restlichen Käse bestreuen. In den Backofen schieben und etwa 25 Minuten backen. Die Eiersahne muss fest und gestockt sein.

Tipp

Schmeckt auch kalt sehr gut.

Ostersuppe

Eine spannende Aromareise: Die selbst gekochte Kalbsbrühe mit
Fleischklößchen und Wachteleiern verfeinert der Geschmack Asiens –
nämlich Ingwer und Kaffir-Limette

ZUTATEN
6 Portionen

FLEISCHBRÜHE

1 Bund Suppengrün
knapp 1 kg Kalbsbeinscheiben
500 g Kalbsknochen
1 Zwiebel
1 TL Butterschmalz
Salz
einige Pfefferkörner
1 Kaffir-Limettenblatt (Asialaden)
1 frisches Lorbeerblatt
3 Wacholderbeeren
frisch gemahlener Pfeffer
1 Stück Ingwerknolle (2 cm)

EINLAGEN

2 feine ungebrühte Kalbs-
bratwürste (200 g)
12 Wachteleier
100 g Zuckerschoten

Fertig in
2 Stunden 30 Minuten

Pro Portion
ca. 175 kcal, E 13 g,
F 13 g, KH 1 g

FÜR DIE FLEISCHBRÜHE

— Das Suppengrün putzen, abspülen und in grobe Würfel
schneiden. Fleisch und Knochen abspülen. Zwiebel halbieren
(Schale nicht abziehen).

— Butterschmalz in einem großen Topf erhitzen. Fleisch, Knochen, Suppengrün und Zwiebel darin leicht anbraten. Salz,
Pfefferkörner, Kaffir-Limettenblatt, Lorbeer, Wacholderbeeren
und 2 l heißes Wasser dazugeben. Alles im offenen Topf bei
kleiner Hitze etwa 2 Stunden gerade eben kochen lassen. Die
Brühe darf nicht sprudelnd kochen, damit sie klar bleibt.

— Brühe durch ein feines, eventuell mit einem Mulltuch ausgelegtes Sieb gießen. Mit Salz und Pfeffer abschmecken. Den
Ingwer schälen und in einer Knoblauchpresse so pressen, dass
nur der Saft in die Brühe kommt.

FÜR DIE EINLAGEN

— Das Bratwurstbrät als kleine Klößchen direkt aus der Pelle in
die durchgesiebte, schwach kochende Suppe drücken und darin
etwa 3 Minuten gar ziehen lassen.

— Wachteleier an der stumpfen Seite anpiken, in kochendes
Wasser geben und 3 Minuten hart kochen. Kalt abspülen, pellen
und halbieren.

— Zuckerschoten eventuell putzen, abspülen und schräg in
dünne Streifen schneiden. In sprudelndem Salzwasser eventuell
2 Minuten vorkochen, in ein Sieb gießen und gut abtropfen
lassen.

— Suppe in Tellern mit den halbierten Wachteleiern anrichten.
Jeweils 1 EL Zuckerschoten vorgekocht oder roh hineingeben.

Tipp

*Die Brühe kann am Vortag gekocht und
im Kühlschrank aufgehoben werden.*

Grüne Erbsensuppe
MIT ZITRONEN-CROÛTONS

Ein schaumig-leichtes Erbsensüppchen, so erfrischend grün wie der Frühling.
Die Croûtons belebt ein Hauch Zitronenaroma

ZUTATEN

6 Portionen, vegetarisch

1 Stück frischer Ingwer (20 g)
1 kleine Zwiebel
1 Bio-Zitrone
1 Stängel Zitronengras
2 EL Olivenöl
750 ml Gemüsebrühe (aus konzentrierter Paste)
500 g TK-Erbsen
2–3 Scheiben Weiß- oder Toastbrot (60 g)
2 EL Olivenöl
1 Prise Zucker
Meersalz
frisch gemahlener Pfeffer

— Ingwer und Zwiebel schälen und fein würfeln. Die Zitrone heiß abspülen, trocken tupfen und die Schale fein abreiben. Zitronensaft auspressen.

— Vom Zitronengras die äußeren harten Blätter entfernen und den Zitronengrasstängel längs halbieren. Zitronengras immer längs halbieren oder in Stücke schneiden, so kann sich das Aroma aus dem Inneren am besten entfalten.

— Das Öl in einem Topf erhitzen und Ingwer, Zwiebel, Zitronengras und die Hälfte der Zitronenschale darin andünsten. Die Brühe dazugießen und alles bei kleiner Hitze 10 Minuten kochen.

— Den Backofen auf 200 Grad, Umluft 180 Grad, Gas Stufe 4 vorheizen.

— Brühe durch ein Sieb gießen und zurück in den Topf geben. Die Erbsen zufügen und aufkochen lassen. Erbsen in der Brühe mit dem Stabmixer fein pürieren und die Suppe beiseitestellen.

— Das Brot in feine Würfelchen schneiden und in eine ofenfeste Form geben. Mit 1 EL Zitronensaft und dem Olivenöl beträufeln. Im Ofen etwa 15 Minuten hellbraun backen, bis die Würfel knusprig sind. Restliche Zitronenschale und 1 Prise Zucker darüberstreuen.

— Die Suppe nochmals erwärmen und mit Salz und Pfeffer abschmecken. In Tassen füllen, mit den Zitronen-Croûtons bestreuen und servieren.

 Fertig in 1 Stunde

 Pro Portion
ca. 165 kcal, E 7 g, F 9 g, KH 15 g

Tipp

*Besonders fein und cremig wird die
Suppe, wenn sie zum Schluss
noch durch ein Sieb gestrichen wird.*

Spinatsalat

MIT VERLORENEM EI

Nein, keine Scherze über verlorene Eier. Widmen wir uns lieber dem herrlichen Spinat und der traumhaften Maracuja-Vinaigrette …

ZUTATEN
4 Portionen, vegetarisch

VINAIGRETTE
2 Passionsfrüchte (Maracuja)
1 TL mittelscharfer Senf
Salz
frisch gemahlener Pfeffer
1 EL Weißweinessig
4 EL Öl
½ Saftorange

SALAT
300 g junger Blattspinat
30 g Walnusskerne
3 Scheiben Toastbrot
1 Knoblauchzehe
2 EL Olivenöl

EIER
2 EL Weißweinessig
4 ganz frische zimmerwarme Eier
(nicht aus dem Kühlschrank)
1 EL Pistazienkerne
½ TL Meersalz

 Fertig in 50 Minuten

 Pro Portion
ca. 370 kcal, E 12 g,
F 31 g, KH 10 g

FÜR DIE VINAIGRETTE

⊢ Die Passionsfrüchte halbieren, das Fruchtfleisch und die Kerne mit einem Teelöffel herauslösen und durch ein Sieb streichen. Den Saft dabei auffangen.

⊢ Senf, Salz, Pfeffer und Essig mit einer Gabel verrühren. Das Öl in feinem Strahl langsam dazugießen, dabei immer weiterschlagen. 2–3 EL Wasser, Saft der halben Orange und der Passionsfrucht unterrühren und die Sauce nochmals mit Salz und Pfeffer abschmecken.

FÜR DEN SALAT

⊢ Spinat gründlich abspülen, abtropfen lassen. Walnüsse grob hacken. Brot entrinden. Mit einem Keksausstecher Eiformen ausstechen oder Brot in dicke Streifen schneiden (wie Pommes frites).

⊢ Knoblauchzehe abziehen und eine kleine Pfanne damit ausreiben. Das Öl darin erhitzen und das vorbereitete Toastbrot in der Pfanne rösten, salzen und zum Salat reichen.

FÜR DIE EIER

⊢ *Zum »Pochieren« sollten die Eier so frisch wie möglich sein, nur dann hält das Eiweiß fest zusammen. Der Essig im Kochwasser sorgt dafür, dass sich das Eiweiß schneller zusammenzieht und fest wird. Wichtig: das Wasser nicht salzen! Besonders gut geht es, wenn man das Wasser mit einem Schneebesen kurz und kräftig zu einem Strudel rührt, bevor man die rohen Eier ohne Schale hineingleiten lässt (sehen Sie dazu unsere Step-Fotos auf der nächsten Seite).*

➤

— Wasser und Essig in einem Topf aufkochen (Foto 1). Eier einzeln in eine Suppenkelle oder Tasse aufschlagen. Die rohen Eier nacheinander vorsichtig ins Wasser gleiten lassen, dabei zügig arbeiten (Foto 2). Alle Eier im Topf etwa 1 Minute bei schwacher Hitze köcheln lassen (Foto 3). Den Topf vom Herd nehmen und die Eier noch 4–5 Minuten ziehen lassen. Die Eier einzeln mit einer Schaumkelle herausheben und kurz abtropfen lassen (Foto 4).

— Die Pistazien hacken. Meersalz im Mörser leicht zermahlen, mit den gehackten Pistazien mischen. Die Eier damit bestreuen.

— Spinat, Vinaigrette und Walnüsse mischen und mit je einem pochierten Ei auf Portionstellern anrichten.

Kabeljau
MIT SALAT-SALSA

Das passiert einem Kabeljau auch nicht alle Tage:
eine Salsa aus Estragon, Daikon-Kresse und Koriander

ZUTATEN
4 Portionen

SALSA
1 kleiner Kopfsalat (150 g)
½ Bund glatte Petersilie
1 Zweig Estragon
½ Bund Koriander
1 Mini-Salatgurke
1 EL Distelöl
1–2 TL Weißweinessig
Salz
frisch gemahlener Pfeffer
½ Beet Daikon-Kresse

FISCH
4 Kabeljaufilets mit Haut
à etwa 160 g
1 Zitrone
30 g Butterschmalz

 Fertig in 40 Minuten

 Pro Portion
ca. 230 kcal, E 29 g,
F 12 g, KH 2 g

 Dazu mit etwas Sesamöl
beträufeltes Kartoffel-
püree

FÜR DIE SALSA

▸ Die Salatblätter vom Strunk lösen, abspülen und trocken schleudern. Einige kleine Blätter für die Deko zur Seite legen. Die anderen Blätter in sehr feine Streifen schneiden und hacken.

▸ Petersilie, Estragon und Koriander abspülen, trocken schütteln und die Blätter von den Stielen zupfen. Die Käuter ebenfalls fein schneiden.

▸ Die Gurke schälen, längs halbieren und die Kerne mit einem Teelöffel herauskratzen. Das Fruchtfleisch in feine Würfel schneiden.

▸ Salat, Kräuter, Gurke, Öl und Essig mischen. Die Salsa mit Salz und Pfeffer abschmecken. Kresse vom Beet schneiden, unter die Salsa rühren.

FÜR DEN FISCH

▸ Die Kabeljaufilets abspülen und trocken tupfen. Die Zitrone auspressen und die Filets mit dem Saft beträufeln.

▸ Den Backofen auf 200 Grad, Umluft 180 Grad, Gas Stufe 4 vorheizen.

▸ Das Butterschmalz in einer ofenfesten Bratpfanne erhitzen und die Filets darin auf der Hautseite etwa 2 Minuten scharf anbraten. Fischfilets mit Salz und Pfeffer würzen, aber nicht wenden. Die Pfanne in den vorgeheizten Ofen stellen und den Fisch noch weitere 4–6 Minuten im Ofen gar ziehen lassen. Bei der Pfanne darauf achten, dass die Griffe backofengeeignet sind. Eventuell die Griffe mit Alufolie isolieren.

▸ Fisch mit den restlichen Salatblättern und der Salsa anrichten und sofort servieren.

Info

Daikon-Kresse kommt aus Japan und hat den scharfen Geschmack von Radieschen. Es gibt sie mit grünen und roten Blättern in Kunststoffschalen zu kaufen.

In Traubensaft geschmorter Lammbraten

Ein Festtagsessen auch für die Köchin! Denn das Lamm schmort quasi von allein und bringt dabei gleich noch eine fantastische Sauce mit

ZUTATEN
6 Portionen

je ½ Bund Rosmarin, Thymian und Salbei
1,5 kg Lammschulter (ausgelöst; am besten Bio)
Salz
frisch gemahlener Pfeffer
1 junge Knoblauchzwiebel
750 ml roter Traubensaft
1 Lorbeerblatt
1 kleine Kartoffel (etwa 60 g)

→ Den Backofen auf 240 Grad, Umluft 220 Grad, Gas Stufe 6 vorheizen.

→ Kräuter abspülen und die Blättchen von den Stielen zupfen. Den Lammbraten trocken tupfen und mit Salz einreiben. Die Unterseite mit den Kräutern bestreuen und mit Pfeffer würzen.

→ Braten mit Küchengarn in Form binden, in einen Bräter oder eine ofenfeste Form legen. Ohne Deckel im heißen Backofen auf der mittleren Schiene etwa 20 Minuten goldbraun braten.

→ Die Temperatur auf 140 Grad, Umluft 120 Grad, Gas Stufe 1 herunterschalten.

→ Knoblauchzwiebel abspülen und mit Schale grob hacken. Traubensaft, Knoblauch und Lorbeer zum Braten geben. Alles auf der mittleren Schiene noch etwa 1 Stunde 30 Minuten braten.

→ Aus dem Ofen nehmen, Braten in Folie wickeln und etwa 15 Minuten ruhen lassen. Sauce durch ein feines Sieb in einen Topf gießen. Das Fett von der Sauce abschöpfen (siehe Tipp).

→ Kartoffel schälen, abspülen, sehr fein reiben und zur Sauce geben. Die Sauce bei starker Hitze aufkochen und etwa 12–15 Minuten ohne Deckel einkochen lassen. Eventuell mit Salz und Pfeffer abschmecken. Das Fleisch in Scheiben schneiden und mit der Sauce servieren.

Fertig in
2 Stunden 30 Minuten

Pro Portion
ca. 440 kcal, E 48 g,
F 18 g, KH 22 g

Dazu Möhrengemüse
mit Zuckerschoten

Tipp

Sauce kurz stehen lassen, bis sich das Fett oben gesammelt hat. Dieses dann mit einem Löffel abnehmen oder mit einem auf die Sauce gelegten Stück Küchenkrepp aufsaugen.

Rinderfilet à la Ficelle

Das Kräuterbündel »Bouquet garni« macht die Gemüsebrühe
zum Aromawunder. Darin gart das Rinderfilet an einer Schnur hängend –
ein Traum, so zart und saftig

ZUTATEN
4 Portionen

1 Bund Suppengrün
Salz
1 große Zwiebel
1 Bouquet garni (1 Zweig
Thymian, 2 Stängel Petersilie,
1 Stängel Estragon, 1 Lorbeerblatt; alles zu einem Sträußchen
gebunden)
1 TL weiße Pfefferkörner
800 g Rinderfilet (Mittelstück;
am besten Bioqualität)
grobes Meersalz
frisch gemahlener Pfeffer

Fertig in
1 Stunde 40 Minuten

Pro Portion
ca. 240 kcal, E 42 g,
F 8 g, KH 0 g

Dazu grüne Sauce,
Meerrettichsahne und
Fächerkartoffeln (Rezept
siehe nächste Seite)

— Das Suppengrün putzen, abspülen und in Stücke schneiden.
2 ½ Liter Wasser und Salz in einem großen Topf aufkochen.

— Zwiebel mit etwas Schale (die äußeren losen Zwiebelschalen
entfernen) halbieren, in einer kleinen Pfanne ohne Fett auf
der Schnittfläche braun rösten. Zwiebelschalen und die geröstete
Schnittfläche geben der Brühe eine schöne goldene Farbe.

— Das Suppengrün, Zwiebel, Bouquet garni und Pfefferkörner
in das kochende Wasser geben und 45 Minuten bei kleiner
Hitze köcheln.

— Das Fleisch mit Küchengarn wie einen Rollbraten binden
(darum können Sie auch Ihren Fleischer bitten). Jeweils an den
Enden und in der Mitte eine längere Schlaufe am Band befes-
tigen und über den Stiel eines Kochlöffels hängen.

— Suppengrün und Bouquet garni aus der Brühe nehmen.

— Das Fleisch so tief in die kochende Brühe hängen, dass es
ganz bedeckt ist. Dafür den Kochlöffel quer über den Topfrand
legen. Den Deckel auflegen und das Filet in der Brühe 20 Minuten bei mittlerer Hitze kochen lassen. Das Fleisch sollte
innen noch leicht rosa sein.

— Das Fleisch aus der Brühe nehmen, in Alufolie wickeln und
5 Minuten ruhen lassen. Das Küchengarn entfernen, Fleisch
in Scheiben schneiden und auf eine vorgewärmte Platte legen.
Mit Meersalz bestreuen.

— Die Brühe durch ein feines Sieb gießen und mit Salz und
Pfeffer abschmecken. Eventuell zusätzlich noch mit etwas Sherry
abschmecken und als Bouillon vorweg servieren. Oder die
Brühe für andere Suppen und Saucen verwenden.

Fächerkartoffeln

Die inneren Werte zählen auch: Die Kartoffeln sind mit Thymian und
Lorbeer gebacken – mehr als schönes Beiwerk

ZUTATEN

4 Portionen, vegetarisch

1,2 kg mittelgroße Kartoffeln
½ Bund Thymian
12 kleine frische Lorbeerblätter
Salz
4–5 EL Olivenöl

— Den Backofen auf 200 Grad, Umluft 180 Grad, Gas Stufe 4
vorheizen.

— Geschälte Kartoffeln fächerartig ein-, aber nicht durchschneiden (siehe Tipp).

— In jede Kartoffel 1–2 kleine Thymianzweige und Lorbeerblätter stecken. Nebeneinander auf ein Backblech legen, salzen
und mit Öl beträufeln.

— Kartoffeln im Ofen etwa 45–50 Minuten goldbraun backen.

Fertig in
1 Stunde 10 Minuten

Pro Portion
ca. 235 kcal, E 7 g,
F 16 g, KH 15 g

Tipp

Um die Kartoffeln beim Einschneiden nicht versehentlich durchzutrennen, legt man sie am besten auf einen Ess-löffel – die Löffelränder stoppen den Schnitt.

Kartoffeltörtchen
MIT TOMATEN-SALSA

Auf Muffin-Größe geschrumpft, wird ein Kartoffelgratin zum Fingerfood.
Die Tomaten-Salsa dazu erfreut mit einer schönen Chili-Schärfe

ZUTATEN
12 Stück

TOMATEN-SALSA
2 Tomaten
1 rote Chilischote
3 Stängel Oregano
2 EL Himbeeressig
1 TL Tomatenmark
1 TL Zucker
Salz
frisch gemahlener Pfeffer
2 EL Olivenöl

KARTOFFEL-TÖRTCHEN
600 g Kartoffeln
100 g geräucherter durch-
wachsener Speck
2 Stängel Majoran
50 g Parmesan-Käse
200 g Schlagsahne
Fett für die Förmchen

Fertig in 1 Stunde

Pro Stück
ca. 145 kcal, E 4 g,
F 11 g, KH 8 g

FÜR DIE TOMATEN-SALSA

— Tomaten abspülen, trocken tupfen, vierteln und dabei den Stielansatz entfernen. Tomaten entkernen und in kleine Würfel schneiden. Chilischote abspülen, längs aufschneiden, entkernen und fein hacken.

— Oregano abspülen, trocken schütteln und die Blättchen hacken. Essig, Tomatenmark, Zucker, Salz und Pfeffer verrühren. Das Öl darunterschlagen. Sauce, Tomaten und Chili mischen.

FÜR DIE KARTOFFEL-TÖRTCHEN

— Die Kartoffeln schälen, abspülen und in gleichmäßige dünne Scheiben schneiden oder hobeln.

— Den Backofen auf 180 Grad, Umluft 160 Grad, Gas Stufe 3 vorheizen. 12 Muffin-Papiermanschetten am Boden dünn fetten und in ein Muffinblech mit 12 Mulden legen. Wenn die Manschetten aus sehr dünnem Papier sind, am besten immer 2 Manschetten ineinandergesteckt in jede Mulde legen, dann geben sie den Törtchen mehr Halt.

— Speck in feine Würfel schneiden, in einer Pfanne langsam braun braten. Majoran abspülen, trocken schütteln und die Blättchen abzupfen. Die Hälfte der Blättchen zum Speck geben.

— Kartoffelscheiben und Speckmischung abwechselnd in die 12 Papierförmchen schichten.

— Den Parmesan fein reiben. Parmesan und Sahne verrühren und mit Salz und Pfeffer abschmecken. Die Mischung auf die 12 Förmchen verteilen und im Ofen etwa 20–25 Minuten backen.

— Die Törtchen mit oder ohne Manschette auf Tellern anrichten und mit den restlichen Majoranblättchen bestreuen. Die Tomaten-Salsa dazu servieren.

Vanille-Eierlikör

Noch ein Likörchen? Lieber zwei. Denn von diesem Drink aus Wodka, Sahne,
Ei und Vanille kann man nicht genug bekommen

ZUTATEN

0,5 Liter

5 ganz frische Eigelb
125 g Puderzucker
1 Prise feines Meersalz
1 Vanilleschote
100 ml Wodka
200 g Schlagsahne

— Eine gut schließende und saubere Flasche (500 ml oder
2 × 250 ml Inhalt) mit kochendem Wasser ausspülen und gut
abtropfen lassen.

— Eigelbe, Puderzucker und Salz mit den Quirlen des Handrührers etwa 10 Minuten dickcremig schlagen. Die Vanilleschote
längs aufschneiden und das Mark mit einem spitzen Messer
herauskratzen. Vanillemark, Wodka und flüssige Sahne zur Eigelbcreme geben und weitere 10 Minuten aufschlagen.

— Den Eierlikör am besten frisch trinken. Oder in die vorbereitete Flasche füllen. Im Kühlschrank maximal 1 Woche lang
aufheben.

 Fertig in 25 Minuten

 Insgesamt
ca. 1660 kcal, E 21 g,
F 92 g, KH 131 g

Tipps

Sollte sich der Eierlikör absetzen, einfach die Flasche kräftig schütteln.

Statt Wodka können Sie auch Rum nehmen, der Eierlikör schmeckt dann etwas kräftiger.

Das rohe Eiweiß lässt sich gut einfrieren und z. B. für Baiser oder Makronen verwenden.

Karlo

Pfannkuchen
MIT PFLAUMENSAUCE

Gefüllt mit saftigem Vanille-Frischkäse ist das ein Pfannkuchen zum Verlieben.
Fruchtig-süßes Pflaumenkompott gibt's on top

ZUTATEN
6 Portionen, vegetarisch

PFANNKUCHENTEIG
165 g Mehl
1 Prise Salz
1 EL Zucker
3 Eier
330 ml Milch
Butter zum Backen
1–2 EL Butterschmalz zum Braten

PFLAUMENSAUCE
1 Glas Pflaumen (540 g, halbe Frucht)
1 Stange Zimt
evtl. Zucker

FÜLLUNG
300 g Frischkäse
2 Eigelb
2 Päckchen Bourbon-Vanillezucker

FÜR DEN PFANNKUCHENTEIG

⟶ Mehl, Salz und Zucker in eine Schüssel geben. Eier und Milch verquirlen, zur Mehlmischung geben und mit einem Schneebesen zu einem glatten Teig verrühren. Etwa 30 Minuten quellen lassen.

FÜR DIE PFLAUMENSAUCE

⟶ Pflaumen abtropfen lassen und das Fruchtfleisch kleiner schneiden. Mit Zimt etwa 5 Minuten kochen und dabei etwas zerstampfen. Eventuell mit etwas Zucker abschmecken.

⟶ Etwas Butter in einer kleinen beschichteten Pfanne (Ø 20 cm) erhitzen. Etwas Pfannkuchenteig gleichmäßig darin verstreichen und bei mittlerer Hitze backen, bis der Teig goldgelb und gestockt ist. Pfannkuchen wenden und von der zweiten Seite ebenfalls goldgelb backen. Restlichen Teig wie beschrieben zu insgesamt etwa 6 Pfannkuchen backen.

FÜR DIE FÜLLUNG

⟶ Frischkäse, Eigelbe und Vanillezucker verrühren. In die Mitte jedes Pfannkuchens 1 EL Füllung geben, die Seiten zur Mitte einklappen und die Pfannkuchen zu Päckchen falten. Die Päckchen in 2 Portionen in Butterschmalz bei mittlerer Hitze etwa 5 Minuten goldbraun braten, dabei einmal wenden. Gebratene Päckchen warm stellen.

⟶ Fertige Pfannkuchenpäckchen mit der Pflaumensauce servieren.

 Ohne Wartezeit fertig in 50 Minuten

 Pro Portion
ca. 495 kcal, E 16 g,
F 27 g, KH 47 g

Tipp

*Wenn Sie die Pflaumensauce nicht
selbst kochen wollen, können Sie
natürlich auch eine Konfitüre aus dem
Glas nehmen.*

Eierlikör-Torte

Wie früher bei Oma, ja fast noch besser: Der sahnige Klassiker
erlebt mit Mandel-Möhren-Teig und Schattenmorellen
ein prächtiges Comeback

ZUTATEN
14 Stücke

TEIG
150 g gemahlene Mandeln
150 g Möhren
5 Eier
185 g Zucker
100 g Mehl
1 TL Backpulver
2 Prisen Salz
250 ml Eierlikör

FÜLLUNG
1 Glas Schattenmorellen (350 g
Abtropfgewicht)
500 g Schlagsahne
250 g Magerquark
2 Päckchen Bourbon-Vanillezucker

Ohne Wartezeit fertig in
1 Stunde 30 Minuten

Pro Stück
ca. 367 kcal, E 10 g,
F 20 g, KH 32 g

→ Den Backofen auf 180 Grad, Umluft 160 Grad, Gas Stufe 3
vorheizen. Den Boden einer Springform (Ø 26 cm) mit Backpapier auslegen.

FÜR DEN TEIG
→ Die Mandeln in einer Pfanne ohne Fett anrösten, dabei mehr-
mals umrühren. Aus der Pfanne nehmen und abkühlen lassen.
Möhren schälen, fein raspeln, in ein sauberes Geschirrtuch ge-
ben und den Saft so gut wie möglich ausdrücken. Mandeln und
Möhren mischen.

→ Eier und 170 g Zucker mit den Quirlen des Handrührers etwa
8 Minuten dickcremig aufschlagen. Mehl, Backpulver und
Salz mischen und zusammen mit der Möhrenmischung vorsichtig
unter die Eicreme heben.

→ Den Teig in die Springform geben und glatt streichen. Im
vorgeheizten Backofen 20–30 Minuten backen. Herausnehmen,
vollständig abkühlen lassen und aus der Form lösen (nächste
Seite, Foto 1).

→ Den Teig einmal waagerecht durchschneiden (Foto 2). Einen
der beiden Böden auf eine Kuchenplatte legen, mit 4 EL Eierlikör beträufeln (Foto 3) und den Springformrand um den Boden
spannen.

FÜR DIE FÜLLUNG
→ Kirschen abtropfen lassen und auf dem Boden im Ring verteilen. 120 g Sahne steif schlagen. Quark und restlichen Zucker
glatt rühren, die geschlagene Sahne unterheben und auf den
Kirschen verstreichen (Foto 4).

→ Den zweiten Teigboden ebenfalls mit 4 EL Likör tränken.
Mit der getränkten Seite auf den Quark legen und andrücken.
Torte für 1 Stunde kalt stellen.

➤

— Restliche Sahne und Vanillezucker steif schlagen und 6 EL davon in einem Spritzbeutel mit Lochtülle kalt stellen. Torte aus dem Ring lösen, rundherum mit der restlichen Sahne einstreichen (Foto 5).

— Zum Servieren den restlichen Eierlikör auf die Tortenoberfläche gießen, dabei an der Seite etwas herunterlaufen lassen. Restliche Sahne als kleine Tupfen auf die Torte spritzen.

Zitronentarte

Es heißt ja, das Einfache sei stets das Beste …
und diese Tarte liefert dafür einen zitrus-süß-säuerlichen Beweis

ZUTATEN
12 Stücke

TEIG
200 g Mehl
100 g kalte Butter
1 Prise Salz

FÜLLUNG
75 g Butter
2 Bio-Zitronen
125 g Zucker
3 Eier
Puderzucker zum Bestäuben
pastellfarbene Dragee-Eier für die
Deko (z. B. franz. Mandeldragees,
aus dem Süßwarenladen)

FÜR DEN TEIG

— Mehl, Butterwürfel und Salz schnell mit feuchten Händen zu einem glatten Teig verkneten. Den Teig in Folie wickeln und für mindestens 1 Stunde kalt stellen.

— Den Backofen auf 180 Grad, Umluft 160 Grad, Gas Stufe 3 vorheizen.

— Den Teig nochmals kurz mit den Händen durchkneten und in eine gefettete Tarteform (Ø 24 cm) drücken, dabei einen kleinen Rand formen. Den Teigboden mehrmals mit einer Gabel einstechen und im vorgeheizten Backofen 10–12 Minuten vorbacken.

FÜR DIE FÜLLUNG

— Die Butter schmelzen. Die Zitronen heiß abspülen, abtrocknen, die Schale fein abreiben und den Saft auspressen.

— Zucker, Eier und Zitronenschale mit den Quirlen des Handrührers 10 Minuten weißschaumig aufschlagen. Die flüssige Butter und den Zitronensaft unterrühren.

— Die Zitronenmasse auf den Tarteboden geben und weitere 35 Minuten im Ofen backen, bis die Füllung fest ist. Abkühlen lassen.

— Zum Servieren den Rand dünn mit Puderzucker besträuben und mit bunten Dragee-Eiern belegen.

Ohne Wartezeit fertig in
1 Stunde

Pro Stück
ca. 260 kcal, E 4 g,
F 16 g, KH 24 g

Tipp

Der Tarte-Teig ist sehr krümelig,
darum lieber mit feuchten Händen
verkneten.

Mascarpone-Eis

Zugegeben: Butter, Sahne und Mascarpone sind nicht gerade leicht,
aber dieses Dessert schmeichelt ganz einfach der Seele

ZUTATEN
16 Portionen

90 g weiche Butter
150 g Zucker
4 ganz frische Eigelb
3 Limetten
750 g Mascarpone
1 Paket Zitronat (100 g)
250 g Schlagsahne
400 g Cantuccini-Kekse
(ital. Mandelgebäck)

— Butter, Zucker und Eigelbe mit den Quirlen des Handrührers hell und cremig schlagen. Die Eier sollten unbedingt ganz frisch sein, weil das Eigelb im Eis nicht gar ist, sondern roh bleibt.

— Die Limetten heiß abspülen, trocken reiben und die Schale von 2 Limetten fein abreiben. Den Saft aller Limetten auspressen und zusammen mit der Mascarpone und der Limettenschale unter die Butter-Zucker-Mischung rühren.

— Das Zitronat fein hacken und ebenfalls unterrühren. Sahne steif schlagen und unterheben.

— Eine Kastenform (Inhalt 1,5 l) mit Frischhaltefolie auslegen.

— Gut ⅔ der Kekse der Länge nach mit einem scharfen Messer halbieren. Rest für die Deko fein hacken.

— Den Boden der Kastenform mit Mascarponecreme knapp 1 cm dick füllen und mit einer Schicht Keksen belegen. Creme und Kekse abwechselnd in die Form füllen und mit einer Schicht Creme enden.

— Die Form für mindestens 3–4 Stunden in den Tiefkühler stellen. Etwa ½ Stunde vor dem Servieren aus dem Gefrierfach nehmen, aus der Form stürzen und antauen lassen. Vor dem Servieren mit den gehackten Keksen bestreuen.

 Ohne Wartezeit fertig in 30 Minuten

 Pro Portion
ca. 475 kcal, E 6 g,
F 34 g, KH 36 g

Tipp

Dieses Dessert kann vorbereitet werden (1–2 Wochen vorher) und wartet gut verpackt im Tiefkühler auf seinen Auftritt. Vor dem Servieren das Eis unbedingt antauen lassen.

Weihnachten

Das Fest der Feste ist und bleibt Weihnachten –
dafür lieben wir es ja besonders. Nutzen Sie
die Gelegenheit, dafür auch etwas Besonderes auf die
Tafel zu bringen: vielleicht einen gebeizten Rehrücken,
Kabeljau mit Zimt und Safran, handfeste Grün-
kohlpastete, Rindermedaillons mit Portweinsauce, ein
Risotto mit Weihnachtsaromen? Und als Dessert
ein Spekulatius-Parfait oder Gewürzbirnen aus dem
Päckchen? Wir haben darauf geachtet, dass
die Gerichte raffiniert, aber nicht zu schwierig sind.
Schließlich wollen Sie ja das Weihnachtsfest
einfach genießen!

Pilzbouillon
MIT EI-STERNEN

Der Eierstich in Sternchenform ist Deko und Geschmack zugleich in
der klaren Suppe aus gemischten Pilzen

ZUTATEN
4 Portionen, vegetarisch

EIERSTICH

2 Eier
4 EL Milch
1 Prise Salz
frisch gemahlener Pfeffer
Fett für die Form

BOUILLON

1 Knoblauchzehe
2 Möhren
150 g Shiitake-Pilze
30 g gemischte getrocknete Pilze
6 EL süßer Likörwein
2 Lorbeerblätter
4 Wacholderbeeren
1 TL Pfefferkörner
½ Bund glatte Petersilie
1 EL Olivenöl

Fertig in 1 Stunde

Pro Portion
ca. 145 kcal, E 8 g,
F 7 g, KH 9 g

FÜR DEN EIERSTICH

— Eier und Milch verrühren, salzen und pfeffern. Eine eckige
ofenfeste Form (Seitenlänge 12 cm) ausfetten. Eimischung
hineingießen (etwa 1,5 cm hoch) und die Form mit Alufolie gut
abdecken.

— Die Form in einen passenden Topf stellen. So viel kochendes
Wasser in den Topf füllen, dass die Form etwa 2 cm hoch im
Wasser steht. Auf dem Herd bei kleiner Hitze etwa 20–30 Minu-
ten stocken lassen. Das Wasser sollte dabei nicht kochen.

— Die Form am besten mit einer Palette vorsichtig aus dem
heißen Wasser heben. Eierstich mit einem Messer rundherum
vom Rand lösen und auf ein Arbeitsbrett stürzen. Daraus
entweder kleine Sternchen (ungefähr 1,5 cm Größe) ausstechen
oder in knapp 1 cm große Würfel schneiden.

FÜR DIE BOUILLON

— Knoblauch schälen. Möhren putzen, abspülen und in dünne
Scheiben hobeln. Shiitake-Pilze säubern und in Scheiben
schneiden.

— Knoblauch, die Hälfte der Möhren- und Pilzscheiben, getrocknete Pilze, 1,2 l Wasser, Likörwein und Gewürze aufkochen. Bei kleiner Hitze 15 Minuten köcheln lassen.

— Bouillon durch ein Sieb gießen, wieder aufkochen und mit
Salz und Pfeffer würzen. Restliche Möhrenscheiben dazugeben
und etwa 3 Minuten darin kochen lassen.

— Petersilie abspülen, die Blättchen abzupfen und fein hacken.
Öl in einer Pfanne erhitzen und die restlichen Pilzscheiben
darin kurz anbraten. Mit den Ei-Sternen und der Petersilie in
die Suppe geben und servieren.

Tipp

Frische Pilze nur mit einem Pinsel oder
Küchenkrepp säubern und nicht
mit Wasser abspülen, sonst saugen sie sich
voll, verlieren Aroma und werden
matschig.

Möhrenessenz

MIT BUTTERBROTHIPPEN

Geraspelte Möhren bekommen noch mehr Geschmack in einer kräftigen
Rinderbrühe. Der Clou dazu sind die dünnen Knusperscheiben
aus Ciabatta

ZUTATEN
6 Portionen

MÖHRENESSENZ
1 kg Suppenfleisch vom Rind
(Brust, Querrippe, Beinscheibe;
am besten Bioqualität)
1 kleines Bund Suppengrün aus
Porree, Möhre, Petersilienwurzel
(200 g; Sellerie nicht verwenden)
1 TL schwarze Pfefferkörner
1 Lorbeerblatt
500 g Möhren
Salz
frisch gemahlener Pfeffer
evtl. 1 EL Sherry

BUTTERBROTHIPPEN
1 Stück Ciabatta (etwa 100 g,
kann ruhig 1 Tag alt sein)
gesalzene Butter

FÜR DIE MÖHRENESSENZ

— Das Suppenfleisch kalt abspülen. Suppengemüse putzen,
abspülen und in grobe Stücke schneiden.

— Alles zusammen mit Pfefferkörnern und Lorbeerblatt in einen
Topf geben.

— Knapp 2 l kaltes Wasser dazugießen und alles langsam zum
Kochen bringen.

— Wird eine Brühe mit kaltem Wasser angesetzt, laugen Fleisch
und Gemüse besonders gut aus und geben viel Geschmack an
die Brühe ab.

— Bei kleiner Hitze im offenen Topf etwa 2 Stunden kochen
lassen.

— Die Brühe durch ein Sieb gießen und wieder zurück in den
(ausgespülten) Topf geben.

— Die Möhren schälen, grob raspeln und in die Brühe geben.
15 Minuten kochen lassen.

— Alles durch ein mit einem Mulltuch ausgelegtes Sieb gießen
(ergibt etwa 900 ml Essenz). Die Essenz wieder erwärmen und
mit Salz, Pfeffer und eventuell Sherry abschmecken.

FÜR DIE BUTTERBROTHIPPEN

— Ciabatta sehr schräg in ganz dünne Scheiben schneiden. Mit
Butter bestreichen, salzen und unter dem Grill hellbraun rösten.
Aufpassen, die Brotscheiben verbrennen schnell!

— Die Möhrenessenz in vorgewärmte Suppentässchen füllen,
die Brothippen dazulegen und alles sofort servieren.

Fertig in
2 Stunden 30 Minuten

Pro Portion
ca. 115 kcal, E 4 g,
F 8 g, KH 8 g

3

Carpaccio

VON GERÄUCHERTER GÄNSEBRUST

Zu einer besonders würzigen Angelegenheit wird die
hauchdünne Gänsebrust dank Portweinschalotten und Croûtons

ZUTATEN

4 Portionen

16 Scheiben geräucherte
Gänsebrust
8 Schalotten
20 g Butter
1 EL brauner Zucker
1 Messerspitze gemahlener Anis
200 ml Portwein
frisch gemahlener schwarzer
Pfeffer

— Von den Gänsebrustscheiben den Fettrand abschneiden und
hacken. Die Fleischscheiben einzeln (nicht übereinander) zwischen Frischhaltefolie legen und für mindestens 30 Minuten ins
Gefrierfach legen.

— Inzwischen die Schalotten abziehen, halbieren und längs in
Streifen schneiden. In heißer Butter 2 Minuten unter Rühren
glasig dünsten. Mit Zucker und Anis bestreuen und den Portwein
dazugießen. Einmal aufkochen lassen und bei kleiner Hitze
15 Minuten köcheln lassen.

— Das gehackte Fett in einer kleinen Pfanne ohne zusätzliches
Fett etwa 2 Minuten kross ausbraten und auf Küchenkrepp
abtropfen lassen.

— Gänsebrustscheiben einzeln zwischen der Folie mit einer
Kuchenrolle dünn ausrollen und auf Portionstellern anrichten.
Die Schalotten auf den dünnen Fleischscheiben anrichten
und die krossen Hautwürfel darüberstreuen. Mit schwarzem
Pfeffer würzen und sofort servieren.

 Fertig in 55 Minuten

 Pro Portion
ca. 185 kcal, E 7 g,
F 7 g, KH 11 g

 Dazu Nussbrot

Gratinierter Ziegenkäse
AUF GLÜHWEINFEIGEN

Die Feigen garen erst im Glühwein, um dann mit dem Ziegenkäse zusammen überbacken zu werden. Da schmilzt jeder dahin …

ZUTATEN

4 Portionen, vegetarisch

etwa 8 Rote-Bete-Blätter (ersatzweise Mangold- oder Babyleaf-Salatblätter)
1 TL Honigsenf
1 EL Weißweinessig
Salz
frisch gemahlener Pfeffer
2 EL Öl
½ Orange
4 Feigen
200 ml trockener Rotwein
1 Teebeutel Glühweingewürz
2 EL Kandis
4 kleine Ziegenkäsetaler
½ Päckchen Vanillezucker
20 g Butter
1 Stange Zimt (3 cm)
Fett für die Form

 Fertig in 35 Minuten

 Pro Portion
ca. 235 kcal, E 3 g,
F 13 g, KH 20 g

 Dazu Baguette

— Rote-Bete- oder Salatblätter abspülen und trocken schleudern. Senf, Essig, Salz und Pfeffer verrühren. Das Öl in feinem Strahl dazugießen und mit einer Gabel unterschlagen. Die Orange auspressen und den Saft unterrühren.

— Die Feigen vorsichtig abspülen, trocken tupfen und halbieren.

— Rotwein, Glühweinfix und Kandis in einem kleinen Topf unter Rühren erwärmen, bis der Kandis aufgelöst ist. Die Feigen mit der Schnittfläche nach unten in den Sud legen und bei kleiner Hitze etwa 5 Minuten köcheln lassen.

— Den Backofengrill vorheizen.

— Die Feigen mit der Schnittfläche nach oben in eine gefettete Gratin- oder Auflaufform setzen und die Hälften mit je ½ Käse-Taler belegen. Den Käse mit etwas Vanillezucker bestreuen und die Butter in Flöckchen darauf verteilen. Inzwischen den Rotweinsud bei starker Hitze etwa 4–6 Minuten dickflüssig einkochen lassen.

— Die vorbereiteten Feigen unter dem vorgeheizten Grill 2–3 Minuten überbacken, bis der Käse zu bräunen und zu zerlaufen beginnt.

— Die Zimtstange in längliche Splitter schneiden und je einen auf den Käse legen.

— Die vorbereiteten Salatblätter auf Portionstellern anrichten und mit dem Dressing beträufeln. Die überbackenen Feigen darauf anrichten und mit dem eingekochten Sud übergießen.

Grünkohlpastete
MIT PAPRIKASAUCE

Schönes Schichtwerk: In der Pastete sind Grünkohl, Bohnen,
Mandeln und Ziegenkäse ein tolles Team

ZUTATEN

6 Portionen, vegetarisch

TEIG

300 g Mehl
3 Eier
150 g kalte Butter
Salz
Mehl zum Ausrollen

FÜLLUNG

500 g Grünkohl
1 Bund Thymian
2 Knoblauchzehen
3 rote Paprikaschoten
2 EL Öl
frisch gemahlener Pfeffer
1 Glas kleine weiße Bohnenkerne
(460 g Abtropfgewicht)
2 Zwiebeln
3 EL gemahlene Mandeln
3 TL Edelsüß-Paprikapulver
3 TL gemahlener Kreuzkümmel
1½ TL gemahlener Zimt
5 Eier
100 ml Milch
150 g Ziegen- oder Doppel-
rahmfrischkäse

SAUCE

250 g Schlagsahne
100 ml Gemüsefond
2 EL Balsamessig

FÜR DEN TEIG

— Mehl, Eier, kleine Butterwürfel und ½ TL Salz verkneten
und in Folie gewickelt für 1 Stunde kalt stellen (nächste Seite,
Foto 1).

FÜR DIE FÜLLUNG

— Frischen Grünkohl abspülen, trocken schütteln, den Strunk
herausschneiden, die Blätter in Streifen schneiden.

— Thymian abspülen und die Blättchen von den Stielen streifen.
Knoblauch schälen. Paprika vierteln, entkernen, abspülen und
in kleine Würfel schneiden. 1 EL Öl in einer Pfanne erhitzen,
Paprikawürfel, eine Knoblauchzehe und Thymian etwa 5 Minuten darin anbraten und mit Salz und Pfeffer würzen (Foto 2).

— Bohnen in ein Sieb gießen, kurz abspülen und abtropfen
lassen. Zwiebeln abziehen und fein würfeln.

— Restliches Öl in einem Topf erhitzen, Zwiebeln, zweite Knoblauchzehe und Grünkohl 5 Minuten darin andünsten. In ein
Sieb geben und den Grünkohl gut ausdrücken. Grünkohl wieder
in den heißen Topf geben, Bohnen und 2 EL Mandeln unterrühren und alles mit Paprikapulver, Kreuzkümmel, Zimt, Salz
und Pfeffer sehr kräftig würzen.

— ⅔ des Teiges auf etwas Mehl etwa ½ cm dick ausrollen
(Foto 3). Eine Kastenform (12 × 24 cm Größe; etwa 1,6 l Inhalt)
mit Backpapier auslegen. Den ausgerollten Teig hineingeben,
sodass der Teig noch etwa 1 cm breit über den Rand hängt
(Foto 4). Seiten gut andrücken. Den Teigboden mit einer Gabel
einstechen und mit den restlichen Mandeln bestreuen.

— 4 Eier und Milch verquirlen. Den gemischten Grünkohl,
Frischkäse und die Hälfte der Paprikawürfel in die Form
schichten und zwischendurch mit der Eiermilch begießen.

➤

1

2

3

4

5

6

7

8

— Restlichen Teig ausrollen und einen Pastetendeckel in entsprechender Größe ausschneiden. Restliches Ei verquirlen. Überhängende Teigränder zur Mitte über die Pastete klappen und mit verquirltem Ei bestreichen. Den ausgerollten Teigdeckel darauflegen, gut andrücken.

— Den Backofen auf 200 Grad, Umluft 180 Grad, Gas Stufe 4 vorheizen.

— Aus den Teigresten kleine Sterne oder Blumen ausstechen und mit verquirltem Ei auf die Pastete kleben (Foto 5). 2 Löcher (Ø etwa 1 cm) in den Teigdeckel schneiden. 2 kleine Stückchen Alufolie aufrollen und jeweils als »Schornstein« in die Löcher stecken (Foto 6). Zum Schluss die Teigdecke mit dem restlichen Ei bestreichen.

— Pastete auf der unteren Schiene im Ofen etwa 50 Minuten backen, dabei nach etwa 25 Minuten mit Backpapier abdecken.

FÜR DIE SAUCE

— Sahne, Fond und restliche Paprika aufkochen. 10 Minuten köcheln lassen, dann fein pürieren (Foto 7). Mit Balsamessig, Paprikapulver, Salz und Pfeffer abschmecken.

— Pastete etwa 10 Minuten in der Form abkühlen lassen, dann mit dem Backpapier herausheben (Foto 8). Zum Servieren in gut 4–5 cm dicke Scheiben schneiden.

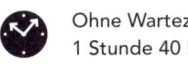

Ohne Wartezeit fertig in
1 Stunde 40 Minuten

Pro Portion
ca. 810 kcal, E 29 g,
F 54 g, KH 52 g

Lachs

IM KARDAMOM-SUD

Gut gewickelt und verpackt garen die Lachsfilets in einer Marinade aus Espresso, Pfeffer und Kardamom. Fantastisch!

ZUTATEN

4 Portionen

600 g Lachsfilet
Salz
½ Zitrone
Öl für das Backpapier
frisch gemahlener Pfeffer

KAFFEESUD

2 TL Espresso-Pulver
80 g Zucker
1 TL Pfefferkörner
3 Kapseln Kardamom

— Den Fisch abspülen, trocken tupfen, in 4 Stücke schneiden und leicht salzen. Den Zitronensaft auspressen und das Lachsfilet von allen Seiten mit ein wenig Zitronensaft beträufeln.

— Den Backofen auf 200 Grad, Umluft 180 Grad, Gas Stufe 4 vorheizen.

FÜR DEN KAFFEESUD

— 200 ml Wasser, Espressopulver, Zucker, Pfeffer und Kardamom zu Sirup kochen, anschließend durch ein Sieb gießen.

— Aus Backpapier oder stabiler Alufolie 4 etwa 20 cm große Quadrate schneiden und mit wenig Öl einstreichen.

— Die Fischstücke auf je einen Bogen Papier oder Folie legen und mit je 2 TL vom Kaffeesud beträufeln. Die Lachsfilets mit Pfeffer würzen.

— Das Papier zu Päckchen verschließen und auf ein Backblech legen. Im vorgeheizten Ofen etwa 12–15 Minuten backen.

— Den Lachs mit dem restlichen Kaffeesud beträufeln und sofort noch in den Päckchen servieren.

Fertig in 40 Minuten

Pro Portion
ca. 280 kcal, E 28 g,
F 12 g, KH 16 g

Dazu Gewürz-Risotto
(Seite 126)

Pilzragout

MIT ANIS

Fein gemacht – das sahnige Ragout aus gemischten Pilzen überrascht
mit einem Hauch von Muskat und Anis

ZUTATEN

4 Portionen, vegetarisch

600 g gemischte Pilze
(z. B. Kräuterseitlinge, braune
Champignons, Shiitake-Pilze)
1 Zwiebel
1 EL Butterschmalz
1 EL alter Balsamessig
1 EL Ahornsirup
200 ml Gemüsebrühe
200 g Schlagsahne
Salz
frisch gemahlener Pfeffer
frisch geriebene Muskatnuss
1 TL gemahlener Anis
1–2 EL heller Saucenbinder

⊷ Die Pilze putzen, mit Küchenkrepp säubern und je nach
Größe eventuell halbieren oder vierteln.

⊷ Zwiebel abziehen, halbieren und fein würfeln.

⊷ Das Butterschmalz in einem großen Topf stark erhitzen und
die Pilze darin bei großer Hitze unter gelegentlichem Rühren
kräftig anbraten. Die Zwiebelwürfel dazugeben und kurz mit-
braten.

⊷ Essig und Ahornsirup zu den Pilzen geben und ganz einkochen lassen.

⊷ Brühe und Schlagsahne zu den Pilzen gießen, mit Salz, Pfeffer, Muskat und Anis würzen und etwa 5 Minuten kochen lassen.

⊷ Den Saucenbinder einrühren, aufkochen und das Pilzragout
mit Salz und Pfeffer abschmecken.

 Fertig in 40 Minuten

 Pro Portion
ca. 245 kcal, E 6 g,
F 21 g, KH 10 g

Kabeljau

IN SAFRAN-ZIMT-SAHNE

Orange, Zimt und Safran in der Sahne sind für den kurz gebratenen Kabeljau ein cremiges Bett. Cranberrys geben eine leicht herbe Note

ZUTATEN
4 Portionen

SAUCE
1 Bio-Orange
400 ml Fischfond
1 kleine Stange Zimt
1 Prise Safran
2 EL heller Saucenbinder
50 g Schlagsahne
Salz
frisch gemahlener Pfeffer

FISCH
4 Kabeljaufilets mit Haut à 160 g
(beim Fischhändler vorbestellen)
½ Zitrone
2 EL Olivenöl
2 EL getrocknete Cranberries

FÜR DIE SAUCE

— Die Orange heiß abspülen, trocknen und die Schale mit einem Sparschäler dünn abschälen. Den Saft auspressen. Fischfond, Orangensaft und -schale, Zimt und Safran aufkochen und auf die Hälfte einkochen lassen.

— Zimtstange und Orangenschale aus dem Sud nehmen. Den Saucenbinder unter Rühren in den kochenden Sud streuen und damit binden. Die Sahne unterrühren. Die Sauce mit Salz und Pfeffer abschmecken und warm halten.

FÜR DEN FISCH

— Die Fischfilets kalt abspülen, trocken tupfen, salzen und mit etwas Zitronensaft beträufeln. Das Öl in einer Pfanne erhitzen und die Fischfilets darin zuerst auf der Hautseite etwa 3–4 Minuten scharf anbraten.

— Vorsichtig wenden und weitere 3 Minuten braten. Eventuell noch etwas salzen, mit der Sauce anrichten und mit Cranberries bestreuen.

 Fertig in 30 Minuten

 Pro Portion
ca. 295 kcal, E 30 g,
F 12 g, KH 16 g

Tipps

Der Fisch lässt sich am besten auf der Haut braten, wenn er ganz frisch ist. Deshalb lieber keinen TK-Fisch nehmen.

Das Rezept eignet sich auch gut für Zanderfilet.

Gewürz-Risotto

Auch ein Risotto kann Weihnachten mitfeiern: Kardamom, Piment und
Nelken passen erstaunlich gut in den cremigen Safranreis

ZUTATEN

4 Portionen

200 g Risotto-Reis
1 Zwiebel
90 g Butter
200 ml Weißwein (oder Brühe
mit einem Spritzer Zitronensaft)
400 ml Fleischbrühe
1 Briefchen Safran
Salz
frisch gemahlener Pfeffer
2 Stück Macisblüte
3 Kardamomkapseln
1 Sternanis
1 kleines Stück Zimtstange
3 Nelken
3 Pimentkörner
½ TL Korianderkörner

•— Den Risotto-Reis in einem Geschirrtuch abrubbeln, damit überschüssige Stärke von den Reiskörnern entfernt wird. Die Zwiebel abziehen und fein würfeln. 30 g Butter in einem Topf erhitzen und den Reis darin glasig dünsten. Zwiebelwürfel dazugeben und kurz mitdünsten.

•— Den Wein dazugießen und im offenen Topf bei kleiner Hitze unter gelegentlichem Rühren kochen, bis die Flüssigkeit aufgesogen ist. Anschließend etwas heiße Fleischbrühe nach und nach immer dann dazugießen, wenn die Flüssigkeit vom Reis ganz aufgesogen wurde.

•— In der letzten Brüheportion den Safran auflösen. Nach etwa 25 Minuten ist das Risotto fertig. Mit Salz und Pfeffer abschmecken.

•— Das Gewürz-Risotto sollte eine fast cremige Konsistenz und die Reiskörner noch einen leichten »Biss« haben.

•— Die restliche Butter mit den Gewürzen in einer kleinen Pfanne aufschäumen, über das Risotto geben und sofort servieren.

 Fertig in 35 Minuten

 Pro Portion
ca. 400 kcal, E 5 g,
F 19 g, KH 43 g

 Dazu ein winterlicher
Blattsalat aus Feldsalat,
Radicchio und Chicorée

Tipp

Das Reisgericht eignet sich als Vorspeise, als Zwischengang im Menü, als Beilage zu Fisch oder, mit Gemüsebrühe zubereitet, auch als vegetarisches Hauptgericht.

Ente

MIT HONIG-POMERANZEN-GLASUR

Wirklich einfach: Die Entenhaut bekommt Glanz durch eine Marinade aus Orange und Pomeranze, die Sauce dazu entsteht beim Garen fast von allein

ZUTATEN

4 Portionen

1 Bio-Orange
3 Nelken
1 Ente (2,5 kg)
Salz
frisch gemahlener Pfeffer
1 Orange
4 EL Sojasauce
2 EL flüssiger Honig
1 EL getrocknete Pomeranzenschale (Apotheke)
1 Glas Entenfond (400 ml)
evtl. 2–3 EL heller Saucenbinder

Fertig in
2 Stunden 45 Minuten

Pro Portion
ca. 575 kcal, E 81 g,
F 23 g, KH 10 g

⟶ Die Bio-Orange heiß abspülen, trocken tupfen und die Nelken in die Orange stecken.

⟶ Das Entenfett aus der Bauchhöhle entfernen und die Ente von innen und außen gründlich abspülen. Mit Küchenkrepp trocken tupfen. Mit einer Pinzette die restlichen Federkiele vorsichtig aus der Haut herausziehen.

⟶ Die Haut der Ente besonders um die Keulen herum und seitlich unter den Flügeln mit einem kleinen Holzspieß mehrfach einstechen, damit das Fett später ausbraten kann. Dabei aber nicht in das Fleisch stechen.

⟶ Den Backofen auf 160 Grad, Umluft 140 Grad, Gas Stufe 2 vorheizen.

⟶ Die Ente von innen mit Salz und Pfeffer würzen und die Orange in die Bauchhöhle legen. Die Bauchöffnung mit Holzspießen zustecken.

⟶ Den Orangensaft auspressen. Sojasauce, Honig, Orangensaft und Pomeranzenschale unter Rühren in einem Topf erhitzen, bis sich der Honig aufgelöst hat. Diese Marinade durch ein Sieb gießen und die Ente damit einstreichen.

⟶ Die Ente auf den Backofenrost legen und die Fettpfanne mit ½ l Wasser gefüllt darunterschieben. Im Backofen etwa 2 Stunden braten. Nach 1 ½ Stunden Bratzeit die Ente hin und wieder mit der Marinade bestreichen.

⟶ Den Bratensatz aus der Fettpfanne durch ein feines Sieb gießen und entfetten. Den Entenfond aus dem Glas zum Bratensatz geben und beides zusammen in einem Topf aufkochen lassen. Sauce eventuell mit Saucenbinder binden, mit Salz und Pfeffer abschmecken und zur Ente reichen.

Info

Pomeranzen (Bitterorangen) haben in der Schale typische Geschmacksstoffe, die man für Likör, Limonade oder Marmeladen verwendet.

Polenta-Nusstaler

Warum nur Nüsse knacken unterm Weihnachtsbaum?
Bei diesem Festtagsessen geben sie der Polenta Biss

ZUTATEN

4 Portionen, vegetarisch

Salz
250 g Maisgrieß (Polenta)
1 TL Pfefferkuchengewürz
75 g Haselnusskerne
75 g Walnusskerne
etwa 30 g Butterschmalz
zum Braten

— 750 ml Wasser und etwas Salz zum Kochen bringen und den Maisgrieß unter ständigem Rühren einrieseln lassen. Etwa 5 Minuten bei kleiner Hitze kochen und dabei ständig rühren. Gegen Ende der Garzeit das Pfefferkuchengewürz unterrühren, damit das Aroma erhalten bleibt.

— Vorsicht – wenn die Polenta quillt, blubbert und spritzt sie beim Kochen!

— Polenta etwas abkühlen lassen. Beide Nusssorten grob hacken und unterrühren. Polenta zu einer Rolle formen und in Frischhaltefolie gewickelt am besten über Nacht in den Kühlschrank legen.

— Die Polenta-Rolle in fingerdicke Scheiben schneiden. Portionsweise etwas Butterschmalz in einer Pfanne erhitzen und die Polentascheiben darin von jeder Seite etwa 3–4 Minuten braten.

 Ohne Wartezeit fertig in 50 Minuten

 Pro Portion
ca. 525 kcal, E 10 g,
F 31 g, KH 50 g

 Dazu Wild oder Kalb-Gerichte. Oder als vegetarisches Hauptgericht mit Pilzragout

Tipp

Die gebratenen Scheiben in einer
Form mit Käse überbacken und mit Salat
servieren.

Rotkohl

MIT LEBKUCHENGEWÜRZ

Nicht nur köstlich im Gebäck. Auch geschmortem Rotkohl verpasst
Lebkuchengewürz Weihnachtsaroma

ZUTATEN

4 Portionen, vegetarisch

1 kg Rotkohl
2 kleine säuerliche Äpfel
1 Zwiebel
40 g Butterschmalz
300 ml Gemüsebrühe
1–2 TL Lebkuchengewürz
1 kleine Stange Zimt
Salz
frisch gemahlener Pfeffer
3 EL Rotweinessig
3 EL Quittengelee

— Den Rotkohl abspülen, vierteln, Strunk herausschneiden und den Kohl in möglichst feine Streifen schneiden.

— Das geht am einfachsten auf der Aufschnittmaschine oder mit einem Gurkenhobel.

— Die Äpfel schälen, vierteln, das Kerngehäuse entfernen und die Apfelviertel in Spalten schneiden. Die Zwiebel schälen und würfeln.

— Das Butterschmalz in einem großen Topf erhitzen und die vorbereiteten Zutaten darin zusammen andünsten. Brühe, Lebkuchengewürz, Zimt, Salz und Pfeffer dazugeben und alles mit Deckel bei kleiner bis mittlerer Hitze etwa 50 Minuten schmoren lassen.

— Zum Schluss Essig und Gelee unterrühren und den Rotkohl mit Salz und Pfeffer abschmecken.

Fertig in
1 Stunde 20 Minuten

Pro Portion
ca. 230 kcal, E 4 g,
F 11 g, KH 29 g

Tipp

Als Beilage zu Rouladen, Gänsebraten, gebratener Entenbrust oder Pilzragout.

Rindermedaillons

MIT PORTWEINSAUCE UND BOHNENSTAMPF

Die Sauce ist orientalisch verfeinert, der Kartoffel-Bohnen-Stampf mit Kardamom auch.
Thymian würzt die Steaks – und all das passt genial gut zusammen

ZUTATEN
6 Portionen

PORTWEINSAUCE

300 g Schalotten
4 EL Olivenöl
1 ½ EL brauner Zucker
1–2 TL Ras el Hanout (orientalische Gewürzmischung, ersatzweise 1 Msp. gemahlener Zimt)
9 getrocknete Tomaten in Öl
750 ml Rinderfond (Glas, Paste
oder selbst gekocht)
500 ml Portwein
Salz
frisch gemahlener Pfeffer

BOHNENSTAMPF

750 g Kartoffeln
325 g weiße Bohnen (abgetropft
aus dem Glas)
300 ml Milch
frisch geriebene Muskatnuss
75 g Butter

MEDAILLONS

6 Rinderfiletsteaks à 150 g
(am besten Bio)
2 EL Butterschmalz
Thymianzweige

 Fertig in
1 Stunde 10 Minuten

 Pro Portion
ca. 705 kcal, E 42 g,
F 30 g, KH 41 g

FÜR DIE PORTWEINSAUCE

— Schalotten abziehen und halbieren. Olivenöl erhitzen und die Schalotten darin glasig dünsten. Zucker darüberstreuen und mit Ras el Hanout würzen. Tomaten in Streifen schneiden und zusammen mit dem Fond und der Hälfte des Portweins dazugeben. Etwa 15 Minuten auf die Hälfte einkochen lassen.

FÜR DEN BOHNENSTAMPF

— Kartoffeln schälen, abspülen und in Stücke schneiden. In Salzwasser etwa 15 Minuten kochen. Die Bohnen abtropfen lassen und zu den Kartoffeln geben. Zusammen noch weitere 5 Minuten kochen. Abgießen (etwas Kochwasser aufheben).

— Milch erhitzen, zu den Kartoffeln geben, alles mit einem Schneebesen zerdrücken und mit Salz und Muskat würzen. Wenn der Stampf zu fest ist, etwas Kochwasser unterrühren.

FÜR DIE MEDAILLONS

— Den Backofen auf 80 Grad, Umluft 60 Grad, Gas kleinste Stufe vorheizen.

— Fleisch trocken tupfen, salzen und pfeffern. Butterschmalz in einer Pfanne stark erhitzen und die Steaks darin von beiden Seiten kurz braun braten. Auf eine Platte legen, mit Thymian belegen und für mindestens 15 Minuten in den Backofen schieben.

— Die Sauce mit dem restlichen Portwein noch einmal kräftig aufkochen, mit Salz und Pfeffer abschmecken.

— Butter in einem kleinen Topf bräunen und unter den Bohnenstampf rühren. Nochmals mit Salz und Muskat abschmecken.

— Den Fleischsaft, der sich auf dem Steakteller gesammelt hat, zur Sauce gießen, Sauce nochmals abschmecken.

Tipp

*Die Steaks können beim Garen
mit Niedrigtemperatur bis zu einer
Stunde im Backofen bleiben –
was Ihnen Zeit für andere Arbeiten lässt.*

Gebeizter Rehrücken

Der Rehrücken wird über Nacht mariniert und nur kurz rosa gebraten,
dazu gibt es eine gewürzsatte Rotweinsauce

ZUTATEN
4 Portionen

REHRÜCKEN

150 ml Portwein
50 ml Ahornsirup
1 gestr. TL gemahlener Sternanis
2 ganze Sternanis
2 Wacholderbeeren
2 Pimentkörner
1 Rehrücken (1,8 kg; Fleisch
auslösen und gut putzen lassen,
Knochen in Stücken und Häute
für die Sauce mitgeben lassen)
1 EL Butterschmalz
Salz
frisch gemahlener Pfeffer

SAUCE

1 EL Butterschmalz
Knochen und Häute vom
Rehrücken
1 Zwiebel
1 kleine Möhre
1 Stange Staudensellerie
6 EL Sherry-Essig
1 Flasche Rotwein (0,7 l)
2 EL Wacholderbeeren
1 TL Pfefferkörner
1 Lorbeerblatt
2 Nelken
400 ml Wild- oder Kalbsfond
(Glas)
40 g braune Kuchen (z. B. Saucen-
kuchen oder Spekulatius-Kekse)
30 g Butter
100 g Schlagsahne
1 EL Quittengelee

FÜR DEN REHRÜCKEN

— Portwein, Ahornsirup und die Gewürze verrühren. Fleisch abspülen, trocken tupfen und mit der Portwein-Marinade in einen großen Gefrierbeutel geben (nächste Seite, Foto 1). Beutel verschließen und über Nacht in den Kühlschrank legen.

FÜR DIE SAUCE

— Das Butterschmalz in einem Topf erhitzen. Die Knochen darin anbraten (Foto 2). Die Häute dazugeben und alles kräftig mit anbraten.

— Die Zwiebel abziehen, halbieren und fein würfeln. Möhre und Sellerie abspülen, eventuell schälen und in kleine Würfel schneiden. Zwiebel, Möhre und Sellerie ebenfalls kurz mit anbraten (Foto 3). Den Essig dazugeben und ganz einkochen lassen. Anschließend Rotwein, Wacholderbeeren, Pfefferkörner, Lorbeerblatt und Nelken dazugeben und bei kleiner Hitze kochen lassen (Foto 4).

— Nach etwa 10 Minuten den Kalbsfond dazugießen. 1 ½ Stunden bei kleiner Hitze kochen lassen, ohne es zu stark zu reduzieren. Fond durch ein feines Sieb streichen und abkühlen lassen (Foto 5). Fond eventuell bis zum nächsten Tag kalt stellen.

— Den Backofen auf 80 Grad, Umluft 60 Grad, Gas auf kleinster Stufe vorheizen.

— Das Fleisch aus der Marinade nehmen und gut abtropfen lassen. Dann in heißem Butterschmalz rundherum scharf anbraten (Foto 6). Mit Salz und Pfeffer würzen, in Alufolie wickeln und mindestens noch 16 Minuten im Ofen ruhen lassen (Foto 7). Das Fleisch ist dann rosa gebraten. Wer es nicht so roh mag, brät es länger, sodass es bei Druck mit dem Finger nicht mehr nachgibt.

➤

Tipp

Die Sauce am besten schon am Vortag
zubereiten, weil der Fond dafür
länger kochen muss, als das Fleisch brät.

— Die Marinade vom Fleisch bei starker Hitze auf die Hälfte einkochen lassen, durch ein Sieb gießen und zum Saucenfond geben.

— Den Saucenfond unter Rühren erwärmen. Braune Kuchen im Blitzhacker oder im Gefrierbeutel mit einer Kuchenrolle zerbröseln (Foto 8) und anschließend in heißer Butter unter Rühren kurz andünsten. Heißen Fond unter Rühren nach und nach dazugeben. Sahne und Gelee unterrühren und die Sauce mit Salz und Pfeffer abschmecken (Foto 9).

— Den Rehrücken in etwa 1 cm dicke Scheiben schneiden und zusammen mit der Sauce unbedingt auf einer vorgewärmten Platte anrichten.

Ohne Wartezeit fertig in
2 Stunden 20 Minuten

Pro Portion
ca. 685 kcal, E 46 g,
F 25 g, KH 32 g

Kalbsbraten

IN MANDELMILCH

Klingt erst mal ungewöhnlich, sollte man aber mal probieren:
Kalbsbraten passt nämlich erstaunlich gut zu einer Sauce aus Milch und Mandelmus

ZUTATEN
6 Portionen

1,6 kg durchwachsenes ausgelöstes Kalbskotelett im Stück
grobes Steinsalz
grob gemahlener Pfeffer
1 Bio-Zitrone
2 Schalotten
2 EL Olivenöl
400 ml Milch
100 g Mandelmus (Reformhaus)
4–5 Tropfen Bittermandelöl

— Das Fleisch abspülen und trocken tupfen. Mit Salz und Pfeffer rundherum einreiben.

— Den Backofen auf 200 Grad, Umluft 180 Grad, Gas Stufe 4 vorheizen.

— Die Zitrone heiß abspülen, trocken tupfen und die Schale fein abreiben. Die Schalotten abziehen, halbieren und fein würfeln.

— Das Öl in einem Bräter erhitzen und das Fleisch darin rundherum braun anbraten. Schalotten und Zitronenschale dazugeben und kurz andünsten.

— Milch, Mandelmus und Bittermandelöl verrühren, in einem Topf aufkochen und zum Fleisch gießen. Mit Deckel im Ofen etwa 1 Stunde 30 Minuten schmoren lassen.

— Das Fleisch herausnehmen und noch etwa 10 Minuten abgedeckt ruhen lassen. Den Bratensud durch ein Sieb gießen und eventuell mit etwas Milch glatt rühren, falls er sehr dickflüssig ist. Mit Salz und Pfeffer abschmecken.

— Das Fleisch in dünne Scheiben schneiden und zusammen mit der Sauce servieren.

Fertig in
2 Stunden 15 Minuten

Pro Portion
ca. 470 kcal, E 60 g,
F 23 g, KH 5 g

Karamellisierte Kartoffelknödel

Innen weich und außen mit feinem Zuckerkrüstchen:
Kartoffelknödel der überraschenden Art

ZUTATEN

48 Stück, vegetarisch

900 g Kartoffeln
Salz
75 g Weizengrieß
150 g Kartoffelstärke
40 g Butter
1–2 EL brauner Zucker

▬ Kartoffeln abspülen und in Salzwasser etwa 20 Minuten gar kochen. Kartoffeln abgießen und kurz abdampfen lassen. Die Schale abziehen und die Kartoffeln noch heiß durch eine Kartoffelpresse drücken. Zerdrückte Kartoffeln, Grieß, Kartoffelstärke und etwa 2 TL Salz zu einem glatten Teig verkneten.

▬ Aus dem Kartoffelteig mit gut angefeuchteten Händen etwa 48 kleine Knödel (Ø 2 cm) rollen.

▬ Einen großen Topf mit reichlich Salzwasser aufkochen und die Knödel darin etwa 10 Minuten gar ziehen lassen (evtl. in Portionen kochen). Knödel am besten mit einer Schaumkelle herausnehmen und gut abtropfen lassen.

▬ Zum Servieren Butter in einer großen Pfanne erhitzen, Knödel unter Schwenken 5 Minuten darin goldbraun braten. Mit Zucker bestreuen und unter weiterem Schwenken die Knödel karamellisieren, sodass sie eine Zuckerkruste bekommen.

 Fertig in
1 Stunde 10 Minuten

 Pro Stück
ca. 35 kcal, E 0 g,
F 1 g, KH 7 g

Gewürzbirnen

MIT VANILLEEIS

Verpackt saugen sich die Birnen mit Aroma voll und duften beim
Öffnen herrlich nach Kardamom, Zimt und Nelke

ZUTATEN
6 Portionen

6 mittelgroße Birnen
3 EL Butter
½ TL gemahlener Kardamom
1 TL gemahlener Zimt
12 Nelken
eine kleine Prise Salz
3 EL Quittengelee
6 kleine Lorbeerblätter
6 Kugeln Vanilleeis

— Den Backofen auf 220 Grad, Umluft 200 Grad, Gas Stufe 5 vorheizen.

— Die Birnen abspülen, halbieren, Kerngehäuse herausschneiden.

— Je 2 Birnenhälften auf 6 Stücke Backpapier legen. Butter, Gewürze, Quittengelee und je ein Lorbeerblatt auf die Birnen geben. Birnenhälften zusammenklappen und im Backpapier wie Bonbons einwickeln. Auf einem Backblech im Ofen etwa 25 Minuten backen.

— Die Päckchen auf Tellern anrichten und erst kurz vor dem Servieren öffnen. Mit je einer Kugel Vanilleeis servieren.

 Fertig in 45 Minuten

 Pro Portion
ca. 295 kcal, E 3 g,
F 10 g, KH 49 g

Spekulatius-Parfait

MIT HEISSEN KIRSCHEN

*Die können mehr als nur Keks: Im Eis machen sich Spekulatius
ganz hervorragend zu heißem Sauerkirschkompott*

ZUTATEN
6 Portionen

PARFAIT
80–100 g weiche Karamell-
bonbons
400 g Schlagsahne
10 Spekulatius-Kekse
1 ganz frisches Ei
60 g Puderzucker
1 Prise Salz

KOMPOTT
750 g TK-Sauerkirschen
2–3 EL Puderzucker
evtl. 2 EL Kirschwasser

FÜR DAS PARFAIT

— Die Bonbons fein hacken und in etwa 50 g Schlagsahne in einem Topf unter Rühren langsam auflösen lassen.

— 8 Spekulatius-Kekse grob hacken und unter die flüssige Sahne-Bonbon-Masse rühren.

— Eigelb und Puderzucker mindestens 5 Minuten mit den Quirlen des Handrührers hell und cremig schlagen. Anschließend die Keksmasse unter die Eigelbcreme rühren.

— Die restliche Schlagsahne steif schlagen und unterheben. Eiweiß und Salz zu steifem Eischnee schlagen und ebenfalls unterheben. Die Masse in eine Eis- oder Gefrierform füllen, gut abdecken und für mindestens 6 Stunden, besser über Nacht, in das Gefrierfach stellen.

— Zum Servieren die Form 10–15 Minuten vorher aus dem Kühler nehmen, eventuell kurz in heißes Wasser tauchen und das Parfait stürzen.

— Die restlichen Kekse fein zerkrümeln und über das gestürzte Parfait streuen.

FÜR DAS KOMPOTT

— Kirschen und 2 EL Wasser erhitzen. Mit Zucker und eventuell Kirschwasser abschmecken und zum Parfait servieren.

 Ohne Wartezeit fertig in
35 Minuten

 Pro Portion
ca. 480 kcal, E 7 g,
F 26 g, KH 57 g

Himbeer-Litschi-Kompott

MIT WEISSER SCHOKOLADENSAUCE

*Süß geht es zu, wenn Himbeeren und Litschi sich zusammentun und
von minziger Schokosauce begleitet werden*

ZUTATEN
6 Portionen

KOMPOTT
2 Dosen Litschis à 255 g
Abtropfgewicht
500 g TK-Himbeeren
2 EL Vanillepuddingpulver
oder Speisestärke

**WEISSE SCHOKOLADEN-
SAUCE**
250 g weiße Schokolade
250 g Schlagsahne
6 Stängel Minze
evtl. weiße Schokoladenlocken
zum Garnieren

FÜR DAS KOMPOTT

— Litschis abtropfen lassen und dabei den Saft auffangen. Litschis und gefrorene Himbeeren in eine Schüssel geben.

— Vom Litschisaft etwa 5 EL abnehmen und mit dem Vanille-puddingpulver (das gibt gleich das schöne Vanille-Aroma) anrühren. Restlichen Litschisaft aufkochen. Angerührtes Vanille-puddingpulver einrühren und einmal aufkochen lassen. Über die Früchte gießen und vorsichtig mischen, damit die zarten Himbeeren nicht zerdrücken.

FÜR DIE WEISSE SCHOKOLADENSAUCE

— Die Schokolade fein hacken. Die Sahne aufkochen und die gehackte Schokolade darin unter Rühren schmelzen, nicht kochen lassen.

— Die Minze abspülen, trocken schütteln, die Hälfte der Blättchen in Streifen schneiden und unter die Schokoladensauce rühren. Abkühlen lassen und zum Servieren eventuell mit Schokoladenlocken bestreuen.

— Die restlichen Minzeblättchen zum Kompott geben. Kompott und Schokoladensauce zusammen servieren.

 Fertig in 20 Minuten

 Pro Portion
ca. 440 kcal, E 5 g,
F 25 g, KH 47 g

Schokopudding
MIT CRANBERRY-SHERRY-SAUCE

Ein zartbitteres Vergnügen: Herbe Cranberrys verbinden sich elegant mit dem kräftig schokoladigen Pudding

ZUTATEN

4 Portionen

SAUCE

1 Vanilleschote
400 ml Cranberry-Fruchtsaft-Getränk
6 EL Sherry medium
80 g getrocknete Cranberrys

SCHOKOPUDDING

600 ml Milch
30 g Speisestärke
2 TL Kakaopulver
1 gestrichener TL gemahlener Zimt
2 EL Zucker
1 Prise Salz
50 g Zartbitter-Schokolade
100 g Schlagsahne

FÜR DIE SAUCE

— Vanilleschote längs aufschneiden, das Mark mit einem spitzen Messer herauskratzen. Vanillemark und -schote sowie den Cranberry-Saft etwa 5 Minuten bei starker Hitze ohne Deckel einkochen lassen. Sherry und Cranberrys unterrühren und vollständig abkühlen lassen.

FÜR DEN SCHOKOPUDDING

— 200 ml Milch, Speisestärke, Kakao und Zimt verrühren. Restliche Milch, Zucker und Salz aufkochen. Angerührte Stärkemischung mit einem Schneebesen in die kochende Milch rühren und einmal aufkochen lassen.

— Schokolade fein hacken und unter Rühren in der heißen Creme schmelzen lassen.

— Creme in 4 heiß gespülte Gläser oder Tassen füllen und abkühlen lassen. Kalt stellen.

— Die Sahne kurz vor dem Servieren halbsteif schlagen. Sahne und etwas Cranberry-Sauce auf den Schokopudding geben, servieren.

Ohne Wartezeit fertig in 40 Minuten

Pro Portion
ca. 430 kcal, E 8 g,
F 18 g, KH 55 g

Feste planen

Was ist wann zu tun? Wie bewältige ich den Einkauf stressfrei? Was ist bei Einladungen zu beachten und bei Tisch? Menü oder Buffet? Auf den folgenden Seiten finden Sie Tipps, Anregungen und Leitfäden, die Ihnen Ihre Rolle als Gastgeberin erleichtern. Damit es ein unvergesslich schönes und entspanntes Zusammensein wird, für Sie und Ihre Gäste

Unsere Tipps für Ihre Einladungen

Was macht Sie zur guten Gastgeberin?

Wie auch immer Sie feiern möchten, machen Sie sich rechtzeitig Gedanken. Vor allem über den Rahmen der Feier und die Anzahl der Gäste. Und denken Sie dabei auch an sich selbst. Feste kosten Zeit und Geld – und unnötig Nerven, wenn Sie sich zu viel zumuten! Orientieren Sie sich an der K.I.S.S.-Regel: **Keep It Simple, Sweetie!** Denn weniger bringt oft mehr. Planen Sie das Menü oder Buffet lange vorher. Kaufen Sie haltbare Lebensmittel auf Vorrat. Das gilt auch für die Getränke. Vom Ehrgeiz, mehr als drei Gänge zu servieren, sollten Sie sich nicht leiten lassen, wenn Sie eher selten kochen.

Tipp

Es entspannt, Rezepte zu wählen, die Sie vorab schon ausprobiert haben – die Handgriffe sitzen, das Würzen fällt leicht. Versuchen Sie gar nicht erst, ein Buffet für 30 Personen allein zu stemmen, das kann man nicht schaffen. Wenn etwas schiefgeht, der Wein zu warm ist, der Braten zu dunkel, begegnen Sie dem Missgeschick lächelnd. Gelungen ist eine Feier nicht, weil alles perfekt ist, sondern weil sich alle wohlfühlen. Ihre Stimmung trägt dazu bei.

Was koche ich?

Ein gesetztes Abendessen mit der (vielleicht noch nicht so vertrauten) Schwiegermutter verlangt eine andere Planung als der Osterbrunch. Bis zu acht Personen lassen sich mit mehreren Gängen bewirten, die Vorbereitung und das Kochen schafft man noch allein. Bis zu zwölf Personen erfordern schon verlässliche Hilfe in der Küche, beim Auf- und Abdecken. Wenn keiner mit anpacken kann, organisieren Sie sich über Catering-Unternehmen, Küchen- oder Servicekräfte. Zudem brauchen Sie einen großen Tisch, der jedem Gast mindestens 70–80 Zentimeter Platz lässt. Falls Sie den nicht haben, empfiehlt sich ab zehn Gästen ein Buffet. Das lässt sich gut vorbereiten. Kurz zur Etikette: Legen Sie eine Tischordnung fest, bei der Menschen nebeneinandersitzen, die sich etwas zu sagen haben. Vorab erfragen sollten Sie auch, ob Sie auf Allergien oder Nahrungsmittelunverträglichkeiten achten müssen. Oder kommen Vegetarier? Sind Kinder dabei? Eventuell müssen Sie dann Gänge abwandeln oder extra Gerichte anbieten. Zum Schluss: Haben Sie genug Geschirr, Gläser, Bestecke? Wenn nicht, kümmern Sie sich um Leihgaben, fragen Freunde und Familie oder einen Caterer.

Leitfaden

2–8 Personen: Ein Menü mit bis zu fünf Gängen (Aperitif, Vorspeise, Suppe, Hauptgang, Dessert) ist allein gut zu schaffen.

Ab 9 Personen: Menü ja, aber Sie brauchen Hilfe!

12–30 Personen: besser ein Buffet planen

Ab 40 Personen: Selbst mit Unterstützung ist die Buffet-Vorbereitung Stress, besser einen Catering-Service beauftragen. Oder es wird eine Mitbring-Party, bei der jeder etwas zum Buffet beiträgt.

Wann lade ich ein und wie?

Generell gilt: Je feiner das Fest, desto früher laden Sie ein, und desto gediegener sollte die Form sein. Gäste anzurufen, hat den Vorteil, dass Sie sofort eine Antwort bekommen; auch Mails darf man heute verschicken. SMS-, Facebook- oder Twitter-Nachrichten sind jedoch taktlos. Und, klar: Eine schöne Karte per Post ist feiner als eine Mail. Denken Sie unbedingt daran, die W-Fragen zu formulieren: Was wird gefeiert? Wann und wo? Bitten Sie um Zu- oder Absage, das erleichtert die Planung.

Leitfaden

Lässiges Abendessen: 1 bis 2 Wochen vorher, per Mail, Telefon

Geburtstagsparty, Brunch, Buffet: 2 bis 3 Wochen vorher, per Post, Mail, Telefon

Gesetztes Abendessen: 4 Wochen vorab, per Post, Mail, Telefon

Familienfeste, feierliche Anlässe: 5 bis 6 Wochen zuvor, möglichst per Post

Menü oder Buffet?

Drei Gänge sind Standard. Sie können zudem Zwischengänge bieten, Salate oder Suppen, eine Käseplatte vor dem Dessert. Denken Sie an Ausgewogenheit bei den Gängen. Fischsuppe als Auftakt ist prima, wenn es als Hauptgang keinen Fisch gibt. Und treiben Sie es bunt, mit einer roten Tomatensuppe, grünen Blattsalaten, rosa gegartem Filet, weißem Zitronen-Sorbet … Bei einem Buffet mit bis zu 20 Gästen sollten Sie je drei Vorspeisen oder Salate, mindestens zwei Hauptgerichte und vier Beilagen vorbereiten, dazu zwei Desserts. Bei 30 bis 40 Leuten rechnen Sie je eine Speise mehr – also vier Vorspeisen, mindestens drei Hauptgerichte, fünf bis sechs Beilagen, drei Desserts. Überlegen Sie, wen Sie bewirten: Senioren essen weniger als Jugendliche, Kinder lieben Pasta. Männer haben oft großen Appetit, figurbewusste Frauen möchten leichtere Speisen. Berechnen Sie die Portionen trotzdem großzügig – bleibt etwas übrig, ist das weniger ärgerlich, als wenn Gäste hungrig gehen.

Leitfaden

Pro Person können Sie rechnen:

— Suppe als Vorspeise: 250 Milliliter; als Hauptgericht 400 Milliliter

— Salat als Vorspeise / Beilage: 100 Gramm; als Hauptgericht: 250 Gramm

— Fleisch: 200 Gramm

— Fisch: 200–300 Gramm

— Pasta, Reis als Beilage: 150 Gramm; als Hauptgericht: 250 Gramm

— Gemüse und Kartoffeln als Beilage: 150 Gramm; als Hauptgericht: 300 Gramm

— Dessert: 150–200 Gramm

— Käse: 75 Gramm

Welche Getränke reiche ich?

Immer eine gute Idee: ein Aperitif, die Gäste kommen ins Plaudern und er verkürzt die Wartezeit aufs Essen. Ein Glas Sekt oder Prosecco ist willkommen, auch ein alkoholfreier Cocktail. Zum Essen sollten Sie Wein anbieten – ob rot oder weiß und welche Rebe hängt von der Art der Speisen ab. Als Digestif beliebt sind Cognac, Obstler, Likör oder Portwein, Kaffee oder Tee sollten sein. Denken Sie an Autofahrer und Kinder, sorgen Sie für genug Mineralwasser, Fruchtsäfte, Softdrinks.

Leitfaden
Getränke pro Person:
- 500 Milliliter Wein
- 1 Liter Softdrinks/Säfte
- 1,5 Liter Mineralwasser
- Kaffee/Tee 200 Milliliter, beim Buffet 500 Milliliter

Wie dekoriere ich?

Blumen und Tischkarten, schöne Decken, hübsches Geschirr, passende Gläser – das macht was her bei Tisch und am Buffet. Der Stil – romantisch, bunt, puristisch – ist eine Frage des persönlichen Geschmacks. Oder stellen Sie Ihr Fest unter ein Motto: 70er Jahre, Bayerisch Blau, Mittsommer – und richten Sie die Deko danach aus. Noch ein Tipp: Wenn Sie Blumen dekorieren, wählen Sie Gestecke oder Sträuße nicht zu voluminös, Ihre Gäste wollen sich sehen können. Kerzen sollten nicht fehlen, sie sorgen für Stimmung. Dämmerig sollte es beim Essen nicht sein, das macht müde, schon vor dem Dessert.

Wo spielt die Musik?

Sie sollte im Hintergrund laufen, damit man sich unterhalten kann, ohne laut zu werden. Bar-Jazz oder Klassik bieten sich bei Abendessen eher an als die Charts oder Rock, das ist jedoch Ihre Wahl. Ob Musik untermalt und gute Laune macht, können Sie testen, wenn sie schon beim Kochen spielt – und Sie sich nicht gestört, sondern beschwingt fühlen.

Tipp
Die »Brigitte«-Musik-Editionen ersparen Ihnen das Zusammenstellen, z. B. »Jazz for Dinner«.

Was erleichtert die Planung?

Schreiben Sie Listen: Einkaufen, Kochablauf, Menüauswahl. Je besser Sie sich vorbereiten, desto entspannter ist die Vorbereitung. Legen Sie fest, was wann erledigt sein soll, rechnen Sie Pufferzeiten für Ungeplantes ein.

Leitfaden

2–6 Wochen vorher (je nach Fest): Einladungen verschicken; Menü oder Buffet planen, Servicekräfte bestellen; bei größeren Festen Leihgeschirr etc. organisieren

1–2 Wochen vorher: Einkaufsliste erstellen, inklusive Getränke und Deko; Fleisch beim Schlachter vorbestellen, Fisch beim Händler; Zeitplan für die Speisevorbereitung festlegen; falls Gerichte vorbereitet und eingefroren werden können, zubereiten! Räume für das Fest aufräumen; Musik auswählen

3–4 Tage vorher: Spätestens jetzt mit dem Einkauf beginnen; Tischdekoration vorbereiten; Getränke besorgen

1 Tag vorher: Frische Lebensmittel einkaufen; Tisch dekorieren und decken; Speisen, die über Nacht stehen können oder ruhen müssen, zubereiten

Am Festtag: Gerichte, wenn möglich, morgens vorbereiten. Besonders das, was kurz vor dem Essen aufgewärmt werden muss; Getränke kalt stellen

2–3 Stunden vorher: Essen komplett fertig stellen; Küche aufräumen; umziehen

Kurz vorher: Kerzen anzünden; Musik auflegen; Wein öffnen

Zum Auftakt: Aperitif reichen, anstoßen und Spaß haben!

Edel Books
Ein Verlag der Edel Germany GmbH

Copyright © 2014 Edel Germany GmbH,
Neumühlen 17, 22763 Hamburg
www.edel.com
1. Auflage 2014

BRIGITTE Kochbuch-Edition ist eine Marke der Zeitschrift BRIGITTE
– Alle Rechte vorbehalten –

Alle Rezepte stammen aus der BRIGITTE.
Chefredakteurin BRIGITTE: Brigitte Huber
Stellvertretende Chefredakteurinnen: Claudia Hohlweg (Art), Claudia Münster

Projektleitung und Koordination: Jelena Jenzsch (BRIGITTE), Constanze Gölz (Edel)
Rezepte (Produktion und Foodstyling): BRIGITTE Kochressort
Rezeptauswahl: Antje Klein, Constanze Gölz, Julia Sommer
Texte: Antje Klein
Textlektorat: Andrea Lepperhoff
Lektorat und Redaktion: Constanze Gölz, Julia Sommer
Korrektorat: Brigitte Hamerski
Fotografien im Innenteil: Thomas Neckermann mit Ausnahme der Seite 42 © StockFood/
Tanya Zouev und der Seiten 118 und 138 von Reiner Schmitz
Coverfotografien: Wolfang Schardt mit Anne-Katrin Weber (Foodstyling) und
Maria Grossmann (Styling)
Layout, Satz und Covergestaltung: Lars Hammer und Carolin Beck für
Groothuis. Gesellschaft der Ideen und Passionen mbH, Hamburg | www.groothuis.de
Lithografie: Frische Grafik, Hamburg
Druck und Bindung: optimal media GmbH, Glienholzweg 7
17207 Röbel/Müritz

Printed in Germany
ISBN 978-3-8419-0306-8